MW00575033

Fobia E Ansia Sociale STOP
No farmaci – No pillole

Marcello Celito

Indice Dei Contenuti

Parte 1: il progetto per un cambiamento permanente

La "causa segreta" della tua timidezza o ansia sociale... e la soluzione

Questo capitolo si occuperà soprattutto dell'aspetto scientifico alla base della tua timidezza o ansia sociale. Comprenderai meglio cosa sia e come funzioni.

Un rapido sguardo allo stato delle cose

Detto questo, non ti annoierò con paginate di trattati scientifici. Molti dei libri che trovi in giro sulla ansia o fobia sociale (che per praticità chiamerò **A S** in questo libro) sembrano scritti da psicologi che sappiano bene come funzioni, ma che **non ti dicono come superarla!**

Tutto quello che voglio fare io è darti una comprensione di massima della tua

condizione. Perché? Perché quando non sai come funzioni il tuo vecchio e datato sistema emotivo, allora la paura e l'ansia sembreranno molto concrete.

Sapere come funzionano ti permette di mettere le tue paure in prospettiva e cambiare.

In altre sezioni ti darò delle tecniche da poter usare immediatamente, mentre per ci occuperemo delle basi. Iniziamo.

Cosa porta alla AS?

Ti sei mai chiesto se le persone timide o socialmente ansiose siano nate così? O se si tratti di un tratto della personalità che abbiano sviluppato?
La verità è: NESSUNA DELLE DUE.

Che cosa voglio dire? Lascia che ti spieghi...

La AS non è una vera malattia

La AS non è una vera malattia o patologia, nonostante il nome completo sia "disturbo da ansia sociale".

Il 99% delle persone che soffrono della AS non hanno fisicamente nulla che non vada nella propria mente o corpo al punto da richiedere una correzione tramite delle medicine. (Ovviamente, nel caso tu possa fare parte della minoranza, è sempre meglio consultare il tuo medico.)

Si può guarire dalla AS, ma non alterando l'equilibrio chimico del tuo corpo attraverso le medicine: le medicine aiutano le persone a gestire meglio la propria ansia, ma non la fanno sparire. È una soluzione temporanea.

Per farla sparire in modo permanente, ti serve un approccio diverso, che condividerò con te in questo modulo.

La AS non è un tratto della personalità

Anche questo è un errore comune nei confronti della AS.

Quando si è giovani, qualcuno potrà dirti, "sei timido." Questo presuppone come la AS sia un tratto della persona, qualcosa con cui si è nati o che si sia sviluppato con il tempo, come i capelli.

O come essere atletici o sovrappeso o intelligenti. Ma la verità è che la AS non è un tratto.

Pensaci: tu sei sempre timido? Anche quando sei da solo? Quando parli con una persona nuova sei ansioso come quando parli con il tuo migliore amico?

No, non lo sei. E quindi che vuol dire?

La AS è un comportamento acquisito

La AS è un comportamento acquisito. È una serie di comportamenti mentali e fisici che puoi trovarti a usare per reagire in certe situazioni, la cui quantità e tipo dipende dalla situazione.

La AS non è qualcosa che sei, è qualcosa che a volte fai.

La cosa importante da capire è che nessuno è ansioso per tutto, l'ansia è sempre legata a situazioni specifiche. Puoi non essere sicuro di te in certi contesti sociali, ma ci sono aree della tua vita in cui lo sei.

Quindi smettila di considerare la AS come parte della tua personalità, rendendola un'identità immutabile. Non dire: "Io sono così." Di': "In questa situazione..." La AS è una serie di pensieri e comportamenti che hai imparato a usare in certi contesti sociali, il che vuol dire che puoi disimparare questi pensieri e comportamenti e sostituirli con nuovi.

Tutto quello che devi fare per disimpararli verrà spiegato più avanti in questo modulo.

Lo scopo della AS è di evitare la disapprovazione

8

La AS viene spinta da una **paura estrema di essere disapprovati**. Le persone che hanno la AS sono terrorizzate dalla possibilità che:

• qualcuno le critichi o le respinga sulla base del loro comportamento,
• facciano un'impressione negativa su qualcuno,
• qualcuno giudichi negativamente le loro azioni.

Spesso la AS si basa sull'idea che tu sia in qualche modo debole, inferiore, inadeguato o meno bravo degli altri, unita alla paura che la gente si accorga di questo (apparentemente innato) difetto e ti disapprovi.

E la disapprovazione ha conseguenze catastrofiche sulla tua capacità di star bene con le persone e di sentirti a tuo agio con loro.

A causa della paura della disapprovazione, le persone con la AS reagiscono a situazioni dove ritengono riceveranno disapprovazione o rifiuto nello stesso modo in cui molti reagirebbero a un vero pericolo.

Possono avere sintomi fisici o mentali.

Per poter evitare la disapprovazione, le persone con la AS in genere sono silenziose e ritirate, non vogliono attrarre attenzione perché potrebbe portare a una potenziale disapprovazione.

È davvero una brutta situazione per coloro che hanno la AS. Adottando questa serie di comportamenti, gli altri non li disapproveranno... ma nemmeno li noteranno!

È questa l'ironia della situazione: perché la paura della disapprovazione spinge le persone ad agire in modo tale che aumentano le possibilità che ciò avvenga?

Le uniche occasioni in cui le persone con la AS sono più vivaci ed estroverse sono quelle in cui difficilmente possano ricevere disapprovazione, come quando sono circondati da amici o da famigliari.

In queste situazioni, conoscono abbastanza bene le altre persone da sapere come reagiranno al proprio comportamento. E sanno che non sarà con disapprovazione.

Perché evitare la disapprovazione?

Questo andrà un po' fuori tema, ma devi capire un concetto importante: il motivo per cui evitiamo la disapprovazione.

Il concetto è che molte delle nostre azioni sono motivate da istinti su cui non abbiamo alcun controllo. Istinti che abbiamo sviluppato in milioni di anni di evoluzione per poterci aiutare a fare due cose principali: sopravvivere e riprodurci.

Che tu ci creda o no, il nostro sistema emotivo di base oggi è lo stesso di quello degli uomini delle caverne.

L'evoluzione opera molto lentamente.

E questo cosa ha a che vedere con la AS? Be',
abbiamo già stabilito come la AS sia paura della
disapprovazione e che il nostro cervello si è
sviluppato per aiutarci a sopravvivere.

Ora immagina di vivere in una tribù ai tempi degli
uomini delle caverne. Perché un cavernicolo
dovrebbe temere la disapprovazione da parte della
propria tribù?

Perché se una tribù lo disapprovasse seriamente, lo
sbatterebbe fuori dalla stessa, e a quei tempi, trovarsi
soli nelle terre selvagge, significava probabilmente
che non saresti sopravvissuto.

Ai tempi dei cavernicoli, la disapprovazione
significava morte. Ecco perché, anche ai giorni nostri,
pur quando la nostra sopravvivenza non dipende
dall'approvazione altrui, abbiamo ancora una spinta
a rifuggirla. È un meccanismo di sopravvivenza
interno.

Principio: molti dei nostri comportamenti sono
segretamente guidati da un bisogno subconscio e

istintivo di sopravvivere e riprodurci, basato su milioni di anni di evoluzione.

Spesso nemmeno ti rendi conto di quanto i tuoi comportamenti vengano guidati da questi istinti.

Conoscendo la fonte della AS, capisci come questa non sia sempre un problema. Se fossi uno che non si preoccupa mai del giudizio altrui, probabilmente finiresti per metterti nei guai.

Una certa dose di ansia sociale ci protegge dal fare cose che potrebbero portare a serie conseguenze da un punto di vista sociale.

Il problema è che le persone con la AS vanno troppo nella direzione opposta. Sono così intenti a non ricevere disapprovazione, che la qualità della loro vita ne soffre.

La AS diventa un problema quando la persona che ne soffre ha difficoltà a vivere ed è incapace di raggiungere importanti obbiettivi personali.

Ora ti spiegherò cosa accade esattamente quando qualcuno diventa timido o socialmente ansioso.

Si comincia con l'idea dell'apprendimento sociale

L'apprendimento sociale consiste nel comprendere da giovani cosa sia un comportamento "buono" o accettabile.

Quando siamo giovani, impariamo a fare le cose e a guardare poi verso gli altri per vedere se approvano.

Pensa un attimo ai neonati. Molti di loro non comprendono il linguaggio.

Se la mamma gli dice "Non farlo", non capiscono certo le parole che sta usando, ma discernono tra una reazione positiva o negativa rispetto a quanto stanno facendo. Questo è l'apprendimento sociale.

E dato che siamo costruiti per ritenere come la disapprovazione sia una minaccia alla nostra sopravvivenza, lentamente smettiamo di fare quello che porta a una disapprovazione.

Ha senso. Se un neonato sta per toccare una presa elettrica e la mamma gli dice "NON FARLO!", allora è meno probabile che il neonato cerchi di toccare la presa in futuro.

Come si collega questo alla tua AS?

Quindi, se in età giovanile hai cercato di alzarti in piedi e mostrarti sicuro di te, e i tuoi genitori ti hanno detto invece di "stare zitto" o qualcosa di simile, allora avrai imparato che quello non era un comportamento accettabile.

Non lo farai più. **Avrai imparato che agire in modo timido o introverso era il modo migliore per essere accettato da coloro che ti circondano.** E l'accettazione sociale è uno dei bisogni basilari dell'Uomo.

Cercare di essere sicuri di sé è in effetti doloroso...

Infatti, un recente studio dell'Università della California ha scoperto come un feedback sociale negativo attivi la stessa area del cervello dove sentiamo il dolore.

Quindi, come quando da bambino mettevi la mano sul fornello e imparavi rapidamente a non farlo più, impari altrettanto in fretta a evitare le situazioni sociali che possano causarti il dolore del rigetto.

Cercare di essere sicuri di sé e al centro dell'attenzione ora viene visto da una certa parte del tuo cervello come un comportamento che ti porterà a essere rifiutato.

Il che è doloroso.
Semplice. E questo accade TUTTE LE VOLTE. In ogni interazione che tu abbia mai avuto, hai osservato le reazioni degli altri rispetto a quanto stavi facendo per vedere se "andava bene".

E non sapevi nemmeno di farlo il 99% delle volte.
Tutti lo fanno.

"Se tutti lo fanno, com'è che non tutti hanno la AS?"

Le persone con la AS sono nate con un tratto genetico che fa loro notare le reazioni altrui **con maggiore intensità** rispetto a una persona normale.

Le persone normali percepiscono alcuni degli apprendimenti sociali, ma non li vedono come chi sviluppa una AS, per cui molte delle reazioni negative non vengono nemmeno registrate dal loro cervello, permettendogli di occuparsi meno di quanto pensano di loro le persone che li circondano rispetto a chi ha la AS.

Capito? Quindi, dato che tu notavi le reazioni negative quando provavi a essere sicuro di te da bambino, hai lentamente sviluppato un atteggiamento negativo rispetto alle situazioni sociali. È questo che ti ha fatto diventare ansioso socialmente.

Ecco quindi l'apprendimento sociale in poche parole: cerchiamo costantemente di capire come reagiscono gli altri a quello che facciamo così da capire cosa sia un "buon" comportamento.

In sostanza, la tua AS è stata causata dall'unione del tuo essere geneticamente predisposto a sviluppare questa condizione (una maggiore sensibilità alle reazioni altrui), e dall'esserti trovato nel posto sbagliato al momento sbagliato (ottenere la disapprovazione per esserti mostrato sicuro di te). Un'altra causa possibile della tua AS potrebbe essere l'aver imparato per imitazione - forse i tuoi genitori erano ansiosi oppure lo era un adulto con cui sei cresciuto, e tu hai semplicemente imitato il loro comportamento.

E ora, come correggerlo? Ecco la strategia di base:

La tua amigdala - Il centro di controllo dell'ansia nel tuo cervello

L'amigdala è la parte più importante del tuo cervello quando si parla di AS.

È la parte del tuo cervello che collega un certo stimolo al dolore, quindi è la parte che ti fa temere la disapprovazione.

L'amigdala ti fa reagire immediatamente quando rileva qualcosa che possa significare pericolo, attivando una risposta "combatti o fuggi".

Ecco perché molte delle persone con la AS provano sintomi fisici, mentali e comportamentali quando si trovano in situazioni sociali.

Sintomi come: battito accelerato, tremori, mancanza del respiro, sudore, mani fredde, rossore, ecc. Un attacco di panico avviene quando questi sintomi si presentano rapidamente e intensamente.

L'amigdala è la parte primitiva del tuo cervello pensata per tenerti al sicuro da quanto viene percepito come una minaccia, e per primitiva intendo che non fa parte del tuo cervello cosciente e razionale.

Opera a un livello più basilare, al di sotto del tuo controllo cosciente.
Quello che fa l'amigdala è associare automaticamente il dolore a certe esperienze e il piacere ad altre, basandosi su quanto ha osservato in passato.

Esperienze, non conoscenza razionale

L'amigdala lavora interpretando le esperienze passate. Questo è un punto importante da capire, perché significa che **tu puoi disimparare le ansietà mostrando alla tua amigdala che non c'è nulla da temere attraverso nuove esperienze.**

Non puoi usare argomentazioni logiche e razionali per cambiare ciò che la tua amigdala ha imparato essere vero tramite l'esperienza o la memoria.
Ti faccio un esempio.

Hai mai provato a essere sicuro di te prima di un discorso in pubblico provando a dirti "Cosa potrà mai capitare?"

Quanto ha funzionato? E che mi dici di qualunque altra motivazione logica tu abbia provato a dirti per non sentirti ansioso?

Il pensiero logico non sconfigge la AS. Non puoi semplicemente convincere a parole la tua amigdala a non reagire a certi stimoli che ha imparato a identificare come dolorosi. Non puoi imparare nuove conoscenze e "pensare come uscirne".

L'unico modo per cambiare le reazioni dell'amigdala è tramite l'esposizione agli stimoli temuti unita a

un'esperienza che insegni all'amigdala che non succede niente di brutto.
Non è solo UN modo di sconfiggere l'ansia, è IL modo per sconfiggere l'ansia, L'UNICO MODO.

Perché risolve il problema della AS all'origine da dove è cominciato. Quindi mi ripeto:

.

L'UNICO modo per cambiare le reazioni imparate dall'amigdala è tramite l'esposizione agli stimoli temuti in modo che le insegni come non accada nulla di male.

Devi lentamente desensibilizzarti alle situazioni sociali, e la tua amigdala comincerà a capire come non ci sia nulla da temere. Si può ottenere solo tramite MOLTE ripetizioni, unite al cambiamento di come pensi e reagisci a livello profondo.

Ma non si tratta solo di esporsi maggiormente a situazioni sociali, se fosse così nessuno avrebbe la AS.

Si tratta di ricevere il giusto tipo di esposizione, perché potresti spingerti in situazioni sociali e ricevere solo esperienze negative, rafforzando solamente la tua AS.

Esposizione: il metodo per superare l'ansia

In questa sezione, voglio mostrarti la chiave che ti permetterà di liberarti per sempre della AS.

Non è solo un metodo, è L'UNICO metodo per far sì che la tua amigdala capisca non ci sia nulla da temere dalle situazioni sociali.

Evitare mantiene l'ansia

Quando ci si sente a disagio, nervosi o spaventati, la tendenza naturale è cercare di sentirsi meglio in ogni modo possibile.

Se la paura viene scatenata da un particolare oggetto o situazione, il modo più facile per liberarsene è di fuggire o evitare quella situazione.

Questo genere di comportamento viene chiamato comportamento evitante.

I comportamenti evitanti possono aiutarti a non provare ansia e paura nel breve termine, ma nel lungo termine aiutano a mantenere la tua ansia perché impediscono al tuo subconscio di imparare come quella situazione sia sicura.

Evitare impedisce al tuo cervello di abituarsi a certe situazioni.

Come la prima volta in cui hai provato a nuotare, in cui ti sarai sentito probabilmente teso e rigido.

Ma, con il tempo, ti sei abituato alla sensazione dell'acqua al punto da poterti rilassare. Quindi da questo momento in poi è essenziale che tu continui ad affrontare le tue paure invece che evitarle.

La paura è tua amica

Ci sono tante persone che scappano dalle proprie paure. Evitano costantemente ciò che temono, cercando di trovare delle pillole che le liberi dall'ansia.

Cercando modi per distrarsi.

Non sanno che la paura non solo li aiuta a migliorare la propria vita, ma è anche la loro migliore alleata. **La paura è come una bussola che punta verso la vita che desideri.**

Tutti i tuoi desideri più profondi sono guidati dalla paura, dall'avvicinare qualcuno che ti attrae, all'iniziare una nuova attività, al conquistare le tue ansie sociali.

Ogni volta che provi paura, sai che stai cercando quanto vuoi veramente e stai crescendo come persona.

Se usi la paura come guida per le tue azioni, vedrai accadere qualcosa di meraviglioso.

Dopo aver fatto diverse volte qualcosa di cui hai paura, la paura scomparirà. In psicologia, questa viene definita assuefazione o desensibilizzazione progressiva.

Quello che una volta temevi ora diventa una cosa comune e ti chiedi come potessi averne paura un tempo.

È essenziale che tu ti lasci guidare dalla paura verso la vita che desideri senza permetterle di sopraffarti.

È una scoperta agrodolce quella della paura come alleata. Tutti quegli anni a cercare di evitarla, e scopri come ti dica qualcosa di positivo su te stesso.

La paura non è qualcosa da evitare, la paura è tua amica. Un pensiero rivoluzionario.

Agisci quando hai paura

In molti con la AS sprecano un sacco di tempo a pensare come distruggere la paura, come se fosse una nemica. Cercano medicine, ipnosi, o quella conoscenza che faccia sparire tutte le loro paure.

Da questo momento in poi, non cercare di liberarti delle tue paure quando entri in una situazione sociale. Invece, rendi un'abitudine farlo quando hai paura.

Ironicamente, questo è l'unico modo per liberarti delle tue paure in modo permanente.

Hai mai fatto qualcosa mentre avevi paura? Sei mai saltato in acqua pensando che fosse fredda? Se ci pensi bene, nella tua vita hai fatto molte cose mentre avevi paura.

Non solo, hai anche ottenuto alcuni dei tuoi migliori risultati da spaventato.
Concentrati nel cambiare le tue azioni, non le tue emozioni. Uno dei concetti principali della

psicologia prevede che quando fai qualcosa (azione), le tue emozioni seguono di conseguenza.

Se aspetti di sentirti bene o non ansioso, aspetterai per sempre. Se hai paura di guardare negli occhi le persone che incroci, quella paura non sparirà se prima non cominci a guardarle negli occhi. Devi cominciare a FARE, e poi DIVENTERAI.

Io seguo un mantra: **"riconosci le tue emozioni ed esegui l'azione necessaria."**

Di' a te stesso che hai paura, ma che lo farai comunque. Non permettere alla paura di fermarti. Non provare nemmeno a farla sparire.

Osservala in modo distaccato, riconoscila come una semplice reazione chimica del tuo corpo. Se la identifichi e agisci comunque, la paura perderà la sua presa paralizzante.

La paura non sparisce scoprendola. Saresti portato a pensare, avendo letto così tanto su paura e ansia, che io non abbia paura di niente. Ti sbagli. Io ho ancora paura.

Solo che ho paura di cose diverse, adesso. E sospetto sarà così finché campo. Continuare ad "affidarti alle tue paure" è una parte sana della vita e un ottimo modo per crescere come persona.

Provare e fallire è meglio che non provare affatto

A volte, quando ti trovi ad affrontare una situazione potenzialmente ansiogena, senti il desiderio di evitarla, percependo come un senso di "spinta" o bisogno di scappare.

Per esempio, se vedi qualcuno che conosci che cammina verso di te, magari può venirti l'istinto di attraversare la strada o girare in una laterale per evitarlo.

Ogni volta in cui senti questa "spinta" a evitare, fai l'opposto. Usa la tua forza di volontà o disciplina, o chiamala come ti pare.

Non combattere quello che senti cercando di farlo sparire: accetta la sensazione che stai provando in quella situazione e valle comunque incontro. Come dice il mio mantra: "riconosci le tue emozioni ed esegui l'azione necessaria."

Fai quello che avresti meno voglia di fare. A volte non ci riuscirai, ti sembrerà di non avere alcun controllo su te stesso mentre cerchi di affrontare certe situazioni.

Sembrerà come se i tuoi piedi ci si allontanino da soli. Va bene, significa che devi cominciare dalla cose piccole e crescere man mano. La cosa importante è prendere l'abitudine quotidiana di affrontare invece di evitare le cose che ti danno ansia.

Se prendi l'abitudine di affrontare le tue paure ogni giorno, scoprirai come presto non te ne pentirai.

Anche se qualcosa non va bene, sentirai comunque un senso di orgoglio e riuscita per aver reagito. Sono le volte in cui eviterai le tue paure che ti faranno sentire male.

"Le presentazioni non fanno per me!"

Mi trovo sempre qualcuno che mi dice: "Per anni andando a scuola/lavoro ho dovuto fare delle presentazioni. Non mi ha aiutato per nulla con la mia ansia."

Il motivo per cui le presentazioni non aiutano alcune persone è perché le fanno nel modo sbagliato.

Se fai una presentazione nel modo sbagliato, la tua amigdala non disimparerà l'ansia.

Ecco perché è ESSENZIALE che tu segua le linee guida che presenterò nelle prossime pagine.

Elimina l'evasione parziale e i comportamenti sicuri

Non basta entrare fisicamente nella situazione che ti rende ansioso, devi smettere di evitarla in ogni modo possibile.

Molte persone con la AS cercano di diminuire la propria ansia quando si trovano in una situazione stressante evitando certe parti di quella situazione che sono particolarmente spaventose.

Quello che non capiscono è questo tipo di "evasione parziale" è quasi pessima quanto quella totale. L'evasione parziale è sbagliata per gli stessi motivi per cui lo è quella totale.

Nel breve termine, quando si esegue una evasione parziale o si tengono comportamenti sicuri, l'ansia si abbassa.

Ma nel lungo periodo, questa abitudine non fa che mantenere l'ansia, perché smette di affrontarla.

Non avendo mai affrontato di petto le situazioni che temi, il tuo cervello non ha mai la possibilità di disimparare la propria ansia e capire come la situazione sia sicura.

Alcol/droghe/medicine

Queste sono efficaci nel ridurre l'ansia nel breve termine, ma la mantengono in quello lungo.

Se bevi alcol a ogni incontro sociale, il cervello non sarà mai in grado di elaborare come questo sia sicuro.

Alcune persone richiedono in effetti delle medicine (consulta sempre un medico), ma in genere lo scopo del loro terapeuta è di abbassare sempre più i dosaggi in modo che il paziente di abitui alle situazioni e non richieda più alcuna medicina contro l'ansia.

Se oggi devi ubriacarti di brutto agli incontri sociali, la prossima volta taglia di molto l'alcol. (E se per caso non ti invitano a nessuna festa, non temere, ce ne occupiamo nel modulo 4.)

Tenere una pillola contro l'ansia in tasca, che "non si sa mai", è un comportamento sicuro. Ha senso avere una rete di sicurezza "nel caso che", ma lavora contro di te dato che alla fine avrai SEMPRE bisogno di quella pillola in tasca.

Limitare il tuo comportamento

Ogni volta che la tua ansia viene a galla, chiediti sempre "cosa sto cercando di ottenere?"

Se vuoi poterti divertire alle feste in futuro, allora non puoi aspettarti semplicemente di farti vedere, passando tutta la serata in un angolo a far star meglio la tua ansia.

Devi continuamente provare comportamenti rischiosi che siano al di fuori della tua zona di tranquillità.

Che si tratti di guardare negli occhi, fare agli altri semplici domande, portare avanti conversazioni più lunghe, iniziare a parlare a voce più alta, e così via.

Ogni volta che ti scopri a limitare il tuo comportamento in qualche modo, sai che stai parzialmente evitando la situazione.

Ovvero evitare il contatto con lo sguardo, altrui, parlare solo con una persona "sicura" (una che conosci bene), o andando solo in posti "sicuri".

Distrazione mentale

Un altro problema comune - e questo era un problema ENORME per me - è mettersi in situazioni che ti causano ansia, salvo poi distanziartene mentalmente.
Resta mentalmente coinvolto nella situazione. Devi essere presente, coinvolto, e concentrato su quanto ti accade intorno.

Ti insegnerò tecniche specifiche su come fare nella sezione chiamata "Essere presenti".

Ma per ora cerca solo di mantenere la concentrazione sul mondo esterno e di notare quando inizi a divagare nel tuo piccolo mondo.

Ogni volta che ti scopri a sognare a occhi aperti, riporta l'attenzione a dove ti trovi.

L'ansia è necessaria

Cos'hanno in comune l'evasione parziale e i comportamenti sicuri? Cercano tutti di diminuire in qualche modo i livelli di ansia.

Ecco il colpo di scena: se cerchi di diminuire l'ansia che senti mentre sei esposto, significa che ti è sfuggito il punto.

Il punto di un'esposizione è quello di ESPORTI all'ansia in modo da mostrare al tuo cervello che non c'è nulla da temere.

Come regola, se non senti ansia mentre lo fai, vuol dire che non ti stai affatto esponendo.
Non avrai alcun beneficio durevole.

Devi chiederti: vale la pena soffrire un po' di ansia e disagio nel breve termine per poter passare i decenni futuri della tua vita con molta meno ansia e con il tipo di relazioni che desideri?

Resta nella situazione finché non cala l'ansia

Ecco una parte MOLTO IMPORTANTE della terapia di esposizione.

Quando entri in una situazione ansiogena, devi restarci abbastanza a lungo perché la tua ansia cali notevolmente. Ecco un esempio visivo di come faccia sentire una tipica sessione di esposizione:

Quando entri nella situazione, ti senti molto ansioso. Il senso d'ansia inizia ad aumentare e vuoi abbandonare la situazione.

Tra qualche capitolo ti insegnerò delle tecniche per abbassare la tua ansia che funzionano alla grande.

Dovrai imparare queste tecniche di riduzione dell'ansia PRIMA di iniziare a esporti.

Il modo giusto quindi per esporsi è di mettersi in situazioni che ti causano ansia, usare le tecniche di riduzione dell'ansia che ti insegnerò finché l'ansia non diminuisce notevolmente, e poi andartene.

Noterai che con il tempo la tua ansia diminuirà e, se continui, sparirà del tutto.

Comunque, DEVI restare nella situazione finché non noti un calo nella tua ansia.

Se fuggi dalla situazione con l'ansia ancora in crescita, prima che tocchi il culmine, allora

sarai ancora più ansioso la prossima volta in cui proverai ad affrontarla.

Perché? Perché fuggire ti fa sentire temporaneamente bene, condizionando il tuo cervello ad associare la fuga da una situazione alla sicurezza.

E se la volta dopo cerchi di non cedere all'impulso di fuga, la reazione dell'ansia sarà più forte.

Questo perché hai insegnato al tuo cervello che restare comporta un potenziale pericolo da cui si deve fuggire.

Restare in situazioni che comportano un'esposizione abbastanza duratura perché la tua ansia cali è ciò che mostra al tuo cervello come non ci sia nulla da temere.

Gli dimostra che puoi gestire l'ansia e permette al tuo corpo di abituarsi all'ansia e a sentirsi più rilassato la prossima volta che ti metti in una situazione simile.

Cos'è la gerarchia di esposizione?

Una "gerarchia di esposizione" è l'idea secondo cui dovresti esporti prima a situazioni che ti fanno sentire un po' ansioso (per es. guardare negli occhi uno sconosciuto).

Poi andare a incrementare in situazioni che ti fanno sentire più ansia (come avvicinare e iniziare una conversazione con qualcuno che trovi attraente).

In questo modo aumenti le tue possibilità di successo: se inizi con qualcosa che ti spaventa molto prima di poter gestire situazioni più semplici, allora l'intensa paura che proveresti durante l'interazione, e il suo quasi certo fallimento, potrebbero portarti a smettere di provare a superare la tua paura.

Quindi in genere è molto meglio desensibilizzare per tappe, spostandoti ai livelli superiori quando hai raggiunto una certa serenità con situazioni meno intense.

Se ti sentissi mai tornare indietro, potrebbe essere causato dall'aver voluto correre troppo. Un passo alla volta.

Fai le cose piano e comprendi che smontare i vecchi schemi comportamentali richiede tempo e sforzo. Anche una piccola vittoria significa che non sei bloccato, ma che devi ancora lavorare.

Una gerarchia di comportamenti

Una gerarchia non si applica solo alle situazioni in cui ti senti a tuo agio. Si applica anche al genere di comportamenti che ti senti a tuo agio nel compiere. Ti spiego cosa intendo...

Ora puoi essere una persona silenziosa, timida, che sta sulle sue.

Dall'infanzia, non sei mai stato sicuro di te come vorresti. Quindi ogni volta che vedi una persona che lo è senza sforzo, ed è "nato così", non credi potrai mai essere come lei.

Be', devo dirti un segreto: tu PUOI migliorare nelle tue abilità sociali come puoi migliorare in qualunque abilità.

Sei mai andato in palestra o a un corso di ballo?

Quando entri la prima volta, vedi tutti quelli dei corsi avanzati, e magari ti intimidisce un po'.

Si muovono senza sforzi, fanno cose che tu non saresti mai in grado di fare. Ma con il tempo, le tue abilità migliorano, finché non potrai DIVENTARE uno di loro.

Questo significa ingrandire la tua zona di comfort, desensibilizzandoti progressivamente.

In media, la sequenza è circa così:

• Imparare a guardare negli occhi.
• Salutare la gente.

- Mantenere conversazioni brevi.
- Essere più assertivo.
- Parlare a voce più alta e in modo più espressivo.
- Iniziare a interagire fisicamente.
- Sentirti a tuo agio nell'essere al centro dell'attenzione.
- ecc...

Il fatto è che molte persone credono che essere sicuri di sé sia qualcosa con cui si nasce. È sbagliato.

È una abilità come tante altre. Fingila finché non ce l'hai sul serio.

Crea la tua gerarchia di esposizione

Bene, torniamo alla gerarchia delle situazioni di cui parlavamo prima. Ora devi fare una lista dettagliata delle situazioni in cui senti il timore della disapprovazione.

Queste sono quelle in cui vuoi diventare bravo. Scegli situazioni che avvengono spesso, o almeno che tu possa fare accadere spesso. Sii specifico. Dove e con chi?

Poi, dai un voto alle situazioni temute. Non deve essere una cosa precisa, devi solo dare un senso generale a quelle che ti danno poca ansia, quali quella media e quali alta.

L'ultimo passaggio è creare un ipotetico calendario ove porre i momenti in cui affronti queste situazioni, possibilmente in ordine crescente di difficoltà.

Se hai una vita piuttosto impegnata, devi solo smettere di evitare o evitare parzialmente le situazioni che si presentano. Se sei sempre a casa da solo, devi essere più assertivo e obbligarti a uscire e esporti.

Se intendi usare anche le esposizioni immaginarie o le visualizzazioni, il modo migliore è farlo qualche momento prima della situazione reale.

Quindi la tua gerarchia sarà più o meno così:

- Esposizione immaginaria per la situazione n. 1.
- Esposizione reale per la situazione n. 1.
- Esposizione immaginaria per la situazione n. 2.
- Esposizione reale per la situazione n. 2.
- Esposizione immaginaria per la situazione n. 3.
- Esposizione reale per la situazione n. 3.
- ecc...

Dopo una sessione di esposizione

Ogni volta che affronti le tue paure invece di evitarle, è un successo. Datti una pacca sulla spalla. Non buttarti giù per piccoli insuccessi.

Non importa se sbagli qualcosa, o se l'esposizione non va bene, o se hai fatto una brutta figura, o persino se credi che tutti pensino male di te.

Ciò che conta è che continui a fare nuove esperienze da cui puoi imparare e migliorare. Invece di buttarti giù, di' a te stesso "Sto facendo dei passi per migliorare ogni giorno."

Il miglioramento costante verso un te stesso migliore è ciò che conta, non l'essere subito perfetto. Finché farai quello che ti sei prefisso di fare, avrai successo.

Una buona idea è darti qualche sorta di premio dopo una situazione difficile, che sia andata bene o meno. Può essere un cioccolatino o qualche altro piccolo vizio.

Uno sano sarebbe meglio, ma cerco di essere realistico. Perché darti un premio?

Perché questo tipo di rafforzamento positivo è spesso quanto serve per alcune persone con la AS per spingerli in situazioni che li spaventano.

L'opposto è punirti. Ogni volta che eviti una situazione, fa qualcosa che non vuoi fare.

Salta qualcosa che ti piace fare, fai un patto con te stesso di donare qualche euro in beneficenza ogni volta che eviti. Puoi unire premi e punizioni se ti serve una spinta in più.

Assicurati di portare a fondo le conseguenze se decidi di farlo, in modo da sapere che farai sul serio la prossima volta.

Se non segui lo schema premio/punizione, non ti motiverà in futuro.

Progresso e motivazione

La cosa più importante è continuare ad andare avanti e abituarti a situazioni sempre più difficili. Questa parte sta a te. Se ti serve altro aiuto, prova a prendere un libro motivazionale.

Io non intendo motivarti, ti dico solo... **la vita è la tua.** Io ti ho mostrato la strada che puoi scegliere di percorrere oppure no.

Immagino che il dolore di anni di solitudine e il potenziale futuro di amicizie e relazioni amorose siano abbastanza per motivarti ad affrontare il dolore a breve termine che incontrerai.

È quanto ha motivato me.

Non ci prendiamo in giro: molte persone che cercano di superare la AS falliscono. Così come molte persone che cercano di perdere peso.

Perché? Perché molti sono dei mollaccioni. Provano le cose senza convinzione e mollano prima di vedere qualche cambiamento.

Superare la AS è facile, ma non facilissimo. Così come perdere peso è facile: mangia di meno, fai più movimento. Ma non facilissimo.

Sia la AS che il sovrappeso non sono "incurabili", il vero problema è che molta gente non ha la forza di volontà di insistere e fare i passi necessari per il successo.

Nella AS, il tuo progresso deriva direttamente da:

1. Quanto spesso ti infili in situazioni che ti provocano ansia.
2. Quando a lungo durano in media queste situazioni.

Un buon obbiettivo cui puntare è 4 volte a settimana, almeno 1 o 2 ore al giorno.

Stabilisci obbiettivi piccoli e raggiungibili che siano specifici, in modo da sapere quando fai progressi e quando devi spingerti oltre.

Concentrati sull'esecuzione, non sulla perfezione. Invece di valutarti su quanto sei stato bravo, su quanto bene sia andata la tua performance, concentrati sul buttarti e fare quello che ti fa paura.

Rendi come unico criterio per un'esposizione di successo il fatto di esserti buttato nella situazione che ti causa ansia e non averla evitata interamente o parzialmente.

Parte 2: tecniche efficaci di riduzione dell'ansia

Tecnica n. 1: respiro diaframmatico

Respirazione superficiale

Non farti intimidire dalla parola "diaframmatico". Significa solo respirare profondamente usando lo stomaco invece del petto.

Le persone timide e con ansia sociale respirano quasi sempre in modo superficiale, soprattutto quando si trovano in situazioni per loro ansiogene.

Perché accade? In ogni mammifero, c'è una risposta automatica all'ansia chiamata "risposta combatti o fuggi". Iniziano a respirare più velocemente, e più superficialmente.

Questo tipo di respirazione ti porta a essere più nervoso, teso e "sulle spine" di quanto tu già non sia.

La "risposta combatti o fuggi" è il retaggio dell'evoluzione umana che risale a quando dovevamo guardarci dai predatori nelle caverne e nella giungla migliaia di anni fa.

È un utile meccanismo sviluppato per aiutare gli esseri umani a reagire rapidamente in caso di potenziale pericolo.

Ecco perché, ogni volta che ti senti ansioso, i muscoli diventano tesi, il respiro più veloce e superficiale.

Il respiro superficiale non solo alimenta la tua ansia, ma ti porta anche ad avere una voce più debole e spezzata, quindi...

Mani fredde

Questo sorprende molti timidi e ansiosi sociali, ovvero che le mani fredde siano causate dalla loro ansia.

Ricordo come da giovane i miei genitori mi dicessero sempre di vestirmi di più e indossare i guanti quando sentivano che avevo le mani ghiacciate.

Succedeva ogni settimana a messa.

Le tue mani fredde non dipendono dal fatto che non ti vesti abbastanza.

Le mani fredde sono il risultato dell'insufficiente circolazione sanguigna, causata dal respiro superficiale.

Quando respiri superficialmente, il corpo non riceve abbastanza ossigeno per ricaricare del tutto i globuli rossi, e quindi la capacità di far circolare il sangue viene seriamente compromessa.

Ecco perché le braccia sono calde, ma le mani, specie sulle punte delle dita, sono sempre fredde: il tuo sangue non ha abbastanza ossigeno per arrivare fin là in fondo.

Il respiro diaframmatico passo per passo:

Respira usando la pancia, non il petto

Prima di tutto, rilassa collo e spalle quanto possibile. Ora è il momento di vedere come respiri di solito.

Fai un respiro profondo e senti quali parti del torso si muovono. Senti che si muovono il petto o la pancia?

Quando respiri, non devi sentire petto e spalle che si sollevano e ricadono: questo è un pessimo respiro superficiale!

Per compiere il respiro diaframmatico, metti una mano sull'ombelico e l'altra mano sul petto. Come nell'immagine a destra. Le prime volte può essere più facile farlo da sdraiato.

Quando inspiri, senti la pancia che si espande. Quando espiri, senti la pancia che rientra. Petto e spalle dovrebbero muoversi a malapena. Usa le mani per assicurarti di farlo in modo corretto.

Senti la mano sulla pancia che si muove, mentre quella sul petto non deve muoversi affatto.

Fai respiri lunghi e lenti

Un'altra parte importante della respirazione diaframmatica usata per rilassarsi sta nel rallentare il respiro.
Quando ti senti in ansia e vittima della risposta "combatti o fuggi", la tendenza naturale è di respirare più in fretta.

Per poterti rilassare, devi respirare più lentamente. Una volta cominciato, mente e corpo prenderanno il tempo e si inizieranno a rilassare.

Respira L-E-N-T-A-M-E-N-T-E-.

Inspira per almeno 2-3 secondi. Espira il doppio del tempo impiegato per inspirare.

Quando espiri, lascia che l'aria esca da sola, non forzarla fuori dai polmoni.

Inspira dal naso, espira dalla bocca

Inspira dal naso. All'inizio non ti risulterà comodo, come se non ottenessi abbastanza aria, o come se una delle narici fosse chiusa, ma ti ci abituerai.

È così che respirano quelli che non soffrono d'ansia.

Espira dalla bocca. Quando fai pratica, può aiutarti mettere in fuori le labbra, come se stessi spegnendo una candela.

Ricorda di espirare lentamente e permettere all'aria di scorrere senza forzarla.

Pratica, pratica, pratica

Il respiro diaframmatico o di pancia non è qualcosa
che fai quando sei ansioso, è come dovresti respirare
normalmente. Il che significa che puoi esercitarti
ovunque.

Ogni volta che ti scopri a usare il petto per respirare,
passa a respirare con la pancia.

Se ti costringi coscientemente a respirare in un modo
nuovo, con il tempo svilupperai un'abitudine e lo
farai senza pensarci.

Tecnica n. 2: rilassamento dei muscoli

Una delle cose più importanti che puoi fare per
ridurre l'ansia quando ti colpisce è rilassarti
fisicamente quanto più possibile.

Ti renderà più calmo e meno ansioso, in qualunque
situazione ti trovi. Già solo liberandoti della tensione

nel corpo, la tensione/ansia nella tua mente diventa meno intensa. *(In psicologia questo effetto si chiama "psicosomatico".)*

Il rilassamento fisico funziona così bene contro l'ansia perché quando c'è un pericolo, la reazione istintiva del corpo è di mettersi in tensione.

Quindi quando ti rilassi, stai inviando al cervello il messaggio opposto, gli stai dicendo: "non c'è niente di cui aver paura, non c'è nessun pericolo." Quindi il rilassamento fisico porta anche a una minore ansia.

Altri benefici del rilassamento

Oltre a questo, troverai che quando sei del tutto rilassato, ti verrà automaticamente un miglior linguaggio del corpo.

Molte persone con la AS entrano in tensione quando sono ansiosi, portandole ad avere difficoltà a muoversi in modo "naturale". Questo fa sì che tutte le altre azioni appaiano sgraziate e impacciate.

Imparare a rilassare i tuoi muscoli aiuta molto a risolvere questo problema, e porta anche e farti parlare di più, e molto meglio. Ricordi una volta in cui hai dovuto dire qualcosa di fronte a molte persone e la tua voce aveva un suono strano?

Eppure quando parli con una persona sola la voce è normalissima? Questo accade perché è virtualmente impossibile parlare bene quando il petto e i muscoli sono tesi, portando la voce a suonare tesa e innaturale.

La soluzione sta nell'imparare a rilassarsi anche in situazioni di ansia, e quanto dirai uscirà molto molto meglio.

Imparare come rilassarsi

Il primo passo nel sapersi rilassare a comando quando ti senti ansioso sta nel far pratica a casa.

Sì, molte persone con ansia sociale si mettono in tensione così spesso da diventare un'abitudine.

Per loro, essere rilassati è innaturale perché non ci sono abituati. È un bene che ci sia un modo per reimparare a rilassarsi, ed ecco come fare:

1. Siediti così da stare comodo o sdraiati sulla schiena.

2. Segui i gruppi muscolari uno alla volta. Se sei seduto, vai dalla testa ai piedi. Se sei sdraiato, vai dai piedi alla testa.

3. Per ogni gruppo muscolare, prima devi metterlo in tensione, trattenerlo in questo stato per un paio di secondi, e poi rilassarti. Dopo aver messo in tensione, trattenuto, e rilasciato ogni gruppo muscolare, dovresti sentire un aumento del senso di rilassamento. *(se la parte della tensione non ti aiuta a sentirti più rilassato, allora prova solo a rilasciare un po'*

di tensione spostando l'attenzione ai vari gruppi muscolari.)

4. Ecco una sequenza che si può seguire: fronte, viso, mascella, collo, spalle, braccia, mani, schiena, addome, natiche, interno cosce, polpacci, piedi e dita dei piedi. Non deve essere perfetto, prova solo a toccare quanti più gruppi muscolari possibile. Prenditi circa cinque minuti per farlo.

5. Il prossimo passo consiste nel rilassarsi ancora di più usando l'immaginazione. Se la tua mente si concentra su qualcosa di rilassante, allora i tuoi muscoli diventeranno meno tesi. Torna con la mente a una scena rilassante e piacevole del passato, c'è sempre stato un momento nella vita di ognuno in cui ci si è sentiti rilassati, a proprio agio e in pace con il mondo. Se non riesci a pensarne uno, allora immagina solo una scena che trovi rilassante, magari comminare su una spiaggia o sederti vicino a un lago di montagna. Fai attenzione ai dettagli

del paesaggio: che suoni potevi sentire? Sentivi le foglie cadere sull'erba? Com'era la sensazione della sabbia sulla pelle? Il calore del sole? C'era una brezza leggera? C'erano dei gabbiani sulla spiaggia? Più dettagli riesci a ricordare, più saranno le possibilità di successo.

6. Una pratica giornaliera aiuterà a condizionare il tuo corpo a rilassarsi invece che mettersi in tensione. Più lo farai, più facile diventerà rilassarsi. Cosa più importante, sarai in grado di usare lo stato di rilassamento come strumento contro l'ansia.

Porta il rilassamento nella vita quotidiana

Una cosa è rilassarsi nella comodità di casa propria quando sei da solo, un'altra è la sfida di decidere di rilassarsi quando i campanelli d'allarme ti scattano nel corpo.

Prima di tutto, assicurati di seguire la respirazione diaframmatica.

Poi, prova a "ricordare mentalmente" la sensazione di relax che avevi: se hai fatto pratica, questa sensazione dovrebbe essere facile da ripetere. Vedi se ora riesci a sentire un po' di tensione lasciare i tuoi muscoli.

Se puoi, falla sparire lasciandoti andare, e ripetiti mentalmente "Mi sento sempre più rilassato", che ti può aiutare.

All'inizio sentirai come i muscoli siano sempre tesi e dovrai rilassarti ogni volta che controlli.

Ma con il tempo, scoprirai di essere sempre più rilassato. Alla fine, non dovrai cercare di ricordartelo, diventare un'abitudine inconscia.

Tecnica n. 3: accettazione

Non cercare di sopprimere i sintomi dell'ansia

Una delle cose che rende l'ansia sociale diversa da altre forme ansiogene è il fatto che chi ne soffre abbia paura dei sintomi dell'ansia stessa.

Quando ti senti ansioso, vuoi che nessuno lo sappia, non vuoi che ti vedano sudare, tremare o arrossire. Quindi cerchi di sopprimere o scacciare i sintomi il prima possibile.

Più provi a non far notare i tuoi sintomi, più pressione ti metti addosso.

Più pressione ti metti addosso, più ansioso diventi. È un circolo vizioso. Mettendoti pressione addosso, non fai che aumentare il sudore, il tremore, il rossore, ecc.

In realtà, i tuoi sintomi non sono davvero così evidenti come tu credi, e anche se lo fossero, agli altri comunque non importa davvero.

A te interesserebbe se vedi qualcuno che suda, trema o arrossisce?

Magari dirai anche di sì, ma probabilmente sei troppo concentrato su quello che pensano di te gli altri per preoccuparti anche per loro.

Altri modi di lottare contro l'ansia:

Ecco altre strategie che non funzionano quando si cerca di superare l'ansia:

1. INSISTERE sul fatto che non dovresti sentirti così. Perché devi aver paura di parlare con la

gente? Perché dovresti essere a disagio nei ristoranti e in altri luoghi pubblici?

2. COMBATTERE gli stati d'ansia con la rabbia. "Sono stufo marcio di vivere in questo modo!" "Oggi ho chiuso con l'ansia, dannazione!"

3. LAMENTARTI di avere l'ansia sociale. "Ma perché devo avere 'sta roba? Nessuno che conosco ce l'ha e possono fare quello che gli pare. Non riesco nemmeno a farmi degli amici. Non ho nessuno con cui parlarne. Non guarirò mai. Sarò ansioso, miserabile e spaventato finché campo!"

4. Opporre il fatto che "Non è GIUSTO" che tu abbia la AS o che "Non me lo MERITO" di averla.

Il problema della resistenza

Quando provi molta paura e disagio, è naturale provare a liberarsi di queste emozioni in ogni modo possibile, a ogni costo.

Purtroppo, usare questo tipo di strategie è come buttare benzina sul fuoco.

Ovvero, resistere, combattere, scontrarsi, attaccare ed essere aggressivi con l'ansia porta solo l'ansia sociale a essere PIÙ FORTE.

Quello che credi possa migliorare le cose, in realtà le peggiora.

Non può combattere un'emozione negativa con un'altra emozione negativa, non fai altro che precipitare in un circolo vizioso da cui è sempre più difficile uscire.

La trappola cinese per le dita

Hai mai provato una di quelle trappole cinesi per le dita? Metti due dita dentro nei lati opposti, e quando cerchi di tirarle fuori, scopri di essere bloccato. E più provi a tirar fuori le dita dalla trappola, più diventa stretta.

L'unico modo per uscirne è rilassarsi e tirar fuori lentamente le dita. Vedi come sia connesso all'ansia?

Più la combatti, più forte diventa la sua presa su di te. Ecco perché superare l'ansia non è così intuitivo, ecco perché è un paradosso.

Se le tue dita finiscono catturate in una trappola cinese, la cosa PEGGIORE che tu possa fare è cominciare a tirare e lottare per uscirne. Quindi, cosa fai quando l'ansia inizia ad assalirti?

Fai il morto

FA IL MORTO. Non risponderle. Non impanicarti. Rallenta. Prenditi il tuo tempo. Usa la tecnica di respirazione che hai imparato prima. Calmati, rilassati, raffreddati.

Non rispondere alla negatività reagendo negativamente.

Sai già che più ti batti, ti divincoli e attacchi, più si stringerà la trappola attorno a te.

All'ansia piace quando reagisci perché così ti tiene in trappola. Le tue dita non andranno da nessuna parte se continui a combattere.

D'altra parte, se sei calmo e fermo, diventa più facile uscire dalla trappola senza farti notare. Non combattendo l'ansia, lei ti IGNORERÀ... non le dai alcun potere con cui farti del male.

Non far catturare le tue dita dalla trappola dell'ansia. Vacci piano, stai calmo... e avrà sempre meno potere su di te... e capirai come sei TU quello che comanda.

Parte 3: cambiare il tuo modo di pensare

Il valore e la gerarchia sociale ed il concetto del valore

Hai mai visto un totem? È un tronco d'albero inciso con delle teste, una in cima all'altra.

C'è qui una foto di un totem a destra, così ti fai un'idea. I gruppi sociali funzionano allo stesso modo di un totem, sotto molti aspetti.

In genere c'è un'ordine sociale o gerarchia dal membro più alto a quello più in basso del gruppo, come una scala dalla persona più importante a quella meno.

Tutti trovano posto in questa gerarchia, determinando il modo in cui la gente li tratta.

Al lavoro, tratti il tuo capo in modo diverso rispetto ai tuoi colleghi? Certo che sì, perché è "più in alto nella catena alimentare", per così dire.

Come si collega questo con l'ansia sociale? Be', sai già che l'ansia sociale è la paura della disapprovazione. Quello che forse non sai è che temi la disapprovazione solo delle persone che credi abbiano più valore di te o ti siano superiori.

Pensaci bene, perché è un punto cruciale. Ti importa della disapprovazione solo delle persone che ritieni abbiano un "valore maggiore" rispetto a te.

Come i valori influiscono sul nostro comportamento

Ecco un concetto interessante: interagiamo con le persone in modo diverso sulla base di quanto sia il valore che diamo loro.

Se dai molto valore o importanza a una persona, allora sarai più inibito e ansioso in sua presenza rispetto a coloro di cui non ti importa molto.

Se non mi credi, allora prova questo esercizio: esci e chiedi a due estranei che ore sono. Uno deve essere un bambino di circa 10 anni, un altro qualcuno della tua età che trovi attraente. Cosa credi accadrà?

Probabilmente non sarai nemmeno in grado di avvicinare la persona che ti piace.

Ecco un altro scenario legato alla paura della disapprovazione.

Immaginiamo che stai camminando per strada: se il bambino di 10 anni ti corresse incontro gridandoti "Fai schifo!", quanto ti colpirebbe emotivamente?

Magari ti importerebbe un po', ma non molto. E se fosse una persona attraente dell'altro sesso a venirti a dire le stesse parole? Quanto ti colpirebbe? Parecchio di più, ci scommetto.

"Cosa c'entra con l'ansia sociale?"

È un bene imparare come trattiamo le persone in modo diverso a seconda del loro valore o status sociale, ma questo per te cosa comporta? Come puoi usare questo fatto per aiutarti a superare la AS?

Prima di tutto, ti aiuta rendendoti cosciente che al centro della tua AS c'è un senso di inferiorità o inadeguatezza. Nota come i tuoi livelli di ansia cambino a seconda delle persone con cui interagisci.

È probabile che più superiore tu ritenga ti sia l'altra persona, meno sicuro di te sarà il tuo comportamento.

Questa consapevolezza ti aiuta davvero quando si tratta di costruire la sicurezza in te stesso e la tua autostima.

Ti aiuta anche nel rovesciare il sistema di valutazione, in modo che siano gli altri a vedere il tuo valore. È così che si diventa popolari e si fanno facilmente degli amici.

Succede ovunque

Da questo momento, nota come la tua ansia sia attivata dall'essere intimidito da qualcuno che abbia un valore sociale.

Per esempio:
• Riesci a parlare facilmente con persone che non sono ritenute "fighe", ma fai difficoltà a dire la cosa giusta quando parli con qualcuno di popolare? (Per la cronaca, popolare è una parola che uso perché facilmente comprensibile. Puoi sostituirla con qualunque tratto in cui si distingua l'altra persona, come aggressivo, intelligente o carismatico.)

• Hai mai desiderato essere visto con qualcuno pensando che se ti vedessero con quella persona, allora penserebbero di te che sei un tipo a posto? Come cercare di apparire "fighi" frequentando le persone "fighe".

• Quando incroci la gente per strada, ti mette più ansia incrociare una coppia anziana o una persona attraente della tua età? Scommetto la seconda.

73

• Sei mai più deciso o provi più del solito a dire qualcosa di interessante quando parli con qualcuno di popolare?

• E scommetto che sei più sciolto e "naturale", molto meno timido, quando parli con qualcuno che in molti ritengono un perdente, vero?

• Vuoi mai mostrare a qualcuno di popolare le tue qualità migliori, per esempio essendo più socievole quando ti sta intorno, citando casualmente delle cose (cose che possiedi o altro) sperando di impressionarlo?

• Hai maggiore ansia e difficoltà a parlare di fronte a persone autorevoli?

Se ti capita anche una di queste cose, non sei da solo. La cosa importante da notare è che scegli mai davvero di voler trattare le persone in modo diverso, succede e basta.

Tutti hanno questo tipo di automatismo nel valutare le persone, controlla come agiscono in presenza degli altri.

So che trovarsi al piano più basso di questa "scala di valori sociali" fa schifo, ma è molto importante capire come funziona, e capire che tutti la applicano inconsciamente.

Non sanno di farlo. Probabilmente nemmeno ti rendevi conto di quanto influisse sul tuo comportamento fino a ora.

Ecco una visione di base: in ogni interazione tra due persone, una si trova in uno status superiore.

Lui o lei può avere migliori connessioni sociali, essere un leader migliore, più dominante, o più popolare con gli altri.

Per le ragazze, anche l'aspetto è un fattore dominante, quindi c'è sempre qualcuno "più giusto".

La persona di uno status inferiore in genere finisce per provare duramente a ottenere l'approvazione di una con lo status superiore. Da questo momento, fai caso a quando ti accade.

Ma ti avviso: ora che comprendi come le persone
diano maggiore attenzione a chi si trova in uno status
superiore, e quasi ignorano chi si trova in uno
inferiore, LO VEDRAI ACCADERE DI CONTNUO.

Non dire che non ti avevo avvisato.

Valore, autostima e ansia

Bene, da ora in poi nota come la tua ansia sia più forte quando ti rivolgi a qualcuno che abbia un "alto valore", ovvero le persone che tu consideri superiori a te.

Percepisci il loro valore come maggiore del tuo, e quindi senti di non poterti permettere di esprimerti appieno in loro presenza. In un certo senso, ti senti intimidito.

D'altra parte, quando la persona con cui stai parlando è qualcuno che non ritieni ti sia superiore, se ritieni di essere "al suo livello", allora ti ritrovi a essere più naturale e più sicuro di te, libero di esprimerti appieno.

Se tutto questo è vero, allora uno dei modi migliori per diminuire la tua ansia e aumentare le tue capacità sociali è quello di aumentare la tua percezione del tuo valore.

Questa è anche detta autostima.

Ti mostrerò come migliorare la tua autostima, ovvero la percezione del tuo valore, nel prossimo capitolo.

Tieni in mente che quando ti senti all'altezza rispetto alla persona con cui stai parlando, la tua sicurezza e capacità sociali ti vengono facili e naturali.

È solo quando sei intimidito da qualcuno o ti senti inferiore a un gruppo di persone che la tua testa va nel pallone e inizi a comportarti da timido.

Cosa fa sì che tu veda qualcuno come di valore?

Ne parleremo più diffusamente nella prossima sezione, ma volevo occuparmene brevemente adesso.

Quello che starai pensando ora è, cosa rende qualcuno di valore o superiore? Cercherò di darti una risposta rapida.

La prima cosa da capire è che il valore è tutto nella tua testa: in realtà, non esistono persone "superiori" o "inferiori".

L'unico motivo per cui vedi alcune persone come di valore è perché tu hai delle regole nel tuo pensiero che determinano come qualcuno abbia o meno un valore per te.

Se qualcuno soddisfa queste tue regole e criteri, allora lo vedi come una persona di valore.

Quindi parliamo di quali potrebbero essere queste regole. Chiediti:

• La sicurezza, risolutezza, assertività o aggressività degli altri mi intimidiscono?

• Se vedo qualcuno con molti più amici e vita sociale di me, mi sento inferiore?

• Se qualcuno è attraente e/o indossa vestiti alla moda, con questa persona mi comporto in modo diverso? (Fai attenzione soprattutto a come tratti le persone dell'altro sesso che siano meno piacenti e quelle che siano un vero schianto.)

• Una persona mi piace di più se la trovo divertente e mi dà emozioni positive? (Per questa non ci vuole molto, eh...)

• Sono più ansioso con persone della mia età, con quelli molto più vecchi, o con quelli molto più giovani? (In genere sono le persone della tua età o quelle più anziane in una posizione autoritaria a essere più intimidatorie.)

Se hai una bassa autostima, significa che TU NON CREDI DI RIENTRARE NELLE REGOLE CHE GLI ALTRI APPLICANO PER VALUTARE IL VALORE ALTRUI.

Tu credi di riuscire a vederti attraverso gli occhi degli altri, e giudicarti secondo quelli che ritieni siano i loro standard.

Come scoprirai nel prossimo capitolo, le "regole" nella tua testa che ti fanno vedere te stesso come inferiore rispetto a certe persone sono spesso false e irrazionali, e possono essere rimosse.

La chiave sta nel cominciare a giudicare te stesso secondo i tuoi standard, invece che quelli degli altri.

E far sì di essere all'altezza dei tuoi standard in modo da "diventare il tuo stesso idolo."

Come si offre valore?

Ora cambiamo un po' marcia e parliamo di come offrire valore agli altri.

Questa è la chiave per avere amici, diventare popolare e far sì che le persone abbiano voglia di starti attorno.

Se vedi che gli altri ti scansano e non fanno nessuno sforzo per esserti amici, spesso è dovuto al fatto che non ti vedono come una persona valida, non vedono il motivo per cui dovrebbero sprecare tempo ed energie per diventarti amico o scegliere te rispetto a un'altra persona.

Alla fine, le persone vogliono frequentarti solo se da questo ottengono un beneficio. Quindi la domanda è: che tipo di valore offri alle persone che vorresti come amiche?

Ora, capiamoci, non dico che devi metterti a fare regali per avere degli amici. Quello che intendo è che devi dare qualcosa di valore alla persona o al gruppo di persone perché vogliano la tua presenza.

Nella mia esperienza, condividere il divertimento e i piaceri è ciò su cui si costruiscono le amicizie e le relazioni profonde. Come puoi aumentare il divertimento delle persone?

Può accadere in diverse forme - a seconda delle situazioni. Per esempio, puoi farli ridere. O magari riuscire a farli stare a loro agio e rilassati.

Oppure essere un ottimista e coprirli di emozioni positive. Anche le persone più solitarie immaginabili possono farsi degli amici.

Di base, non devi essere negativo, né sugli altri né su te stesso.
La solitudine spesso deriva da una tua forma mentale: quando ci si sente insicuri, depressi, e si ha in generale un'immagine di sé stessi mediocre, non c'è da stupirsi se solo in pochi vogliono starci attorno.

Ricordati che alla fin fine, le persone vogliono frequentare solo coloro che gli danno dei benefici: se porti qualcuno a provare emozioni negative, si spazientiranno presto.

A nessuno piace qualcuno che sta sempre sulle sue e che vuole gli altri si sentano dispiaciuti per lui. Se provi sensazioni ostili o cupe, cerca di tenerle per te.

Dal senso di inferiorità all'autostima

Qual è la tua "motivazione segreta"?

Una cosa che ho sempre notato quando si parla di persone che in certi ambiti non hanno successo, è che quasi tutte hanno una "motivazione segreta" per giustificare il proprio fallimento.

Quando si parla della tua AS e mancanza di vita sociale, quale è la tua "motivazione segreta" per non essere in grado di fare quello che fanno gli altri?

Spesso è un difetto fisico, dato che molti con la AS hanno grossi problemi con la propria immagine fisica.

Magari pensi che gli altri non ti accettino per come appari. Basso, alto, calvo, peloso, magro, grasso, con brutti denti, naso grosso, accento straniero, brutto, ecc.

Altre volte la "motivazione segreta" si basa sulla tua educazione. Magari dai la colpa della tua situazione a come ti hanno cresciuto i tuoi genitori.

Se i tuoi genitori erano introversi e non avevano una gran vita sociale, allora puoi dire di aver "imparato da loro."

Se i tuoi genitori erano casinari e invadenti, puoi dire che la "loro natura estroversa mi ha portato a ritirarmi in me stesso e diventare introverso."

Domandati: **"Qual è la mia motivazione segreta?"** Vai a fondo, scopri quale sia.

Che storia ti sei raccontato fino a oggi per giustificare i tuoi fallimenti?

A questo punto della mia carriera nell'aiutare le persone a superare le proprie timidezze e ansie sociali, credo di aver sentito ogni tipo di motivazione segreta che esista.

Fra queste c'erano ovviamente quelle sull'infanzia infelice o sull'aspetto sgradevole, ma ce n'erano anche di bizzarre.

• Uno mi ha detto una volta: "Sono così bello che la gente ne è intimidita. Ecco perché non riesco a instaurare delle relazioni." E non stava scherzando o cercando di essere arrogante, ci credeva davvero. Credeva che il motivo per cui alla gente non piaceva stesse nel loro essere segretamente gelosi o intimiditi.

• Ho sentito alcuni dirmi che "son diventati così" perché i loro genitori non hanno mai voluto sviluppare la loro vita sociale. Altri mi hanno detto che erano stati i loro genitori a causargli la AS perché li avevano incoraggiati a fare sport da giovani, non facendo altro che peggiorare il loro problema.

• A volte le "motivazioni segrete" sono un evento traumatico dell'infanzia, o un'infanzia troppo chiusa e iper-protetta.

• E poi ci sono quelli più comuni: molti uomini si sentono inadeguati perché ritengono di avere genitali troppo piccoli, e molte donne pensano di averli troppo larghi! A volte pensano di aver un appetito sessuale scarso, altri di averlo troppo alto.
Cominci a vederci uno schema?

La varietà di "scuse segrete" è enorme, e spesso la scusa di una persona è l'esatto opposto di quella di un'altra.

Tenendo questo presente, voglio che inizi ad aprire la mente alla possibilità, alla pur minima possibilità, che la tua "scusa segreta" non sia la causa dei tuoi problemi sociali, ma solo un modo per giustificarli.

La tua immagine di te stesso

Quello che mi ha messo sulle tracce della "motivazione segreta" è stata una conversazione con un chirurgo plastico che conosco.

Mi disse che di solito si trovava a che fare con principalmente due tipi di pazienti che lo interpellavano per una plastica:

il primo tipo riceveva l'operazione e i propri problemi psicologici svanivano, non si sentiva più inferiore, inadeguato o imbarazzato a causa del proprio aspetto esteriore.

Ha senso, no? Se ti liberi della causa d'imbarazzo, allora perché sentirsi imbarazzati?

Poi c'era un altro tipo di pazienti. Anche se i loro "difetti" venivano risolti,
avevano ancora gli stessi problemi psicologici, sentivano la stessa disistima che avevano sempre avuto, lo stesso senso di imbarazzo che restava pure avendone "rimossa" la causa!

Le cicatrici esterne erano guarite, eppure quelle interne restavano. Cosa significa?
Ciò che lui scoprì fu che tutti non solo avevano una propria immagine esteriore, ma anche una interiore.

Tutti hanno un'immagine di sé stessi, come una foto che tieni a mente su come ritieni di essere.

Anche se la chirurgia plastica aveva liberato i pazienti delle loro "motivazioni segrete", la propria immagine di sé restava la stessa.

Perché ogni volta che cerchi di essere più sicuro di te e aperto, sembra sempre che ti devi sforzare? Come se stessi recitando? È perché stai cercando di modificare il tuo comportamento esteriore senza modificare la tua immagine di te.

Ecco perché puoi "fingere" sicurezza magari per un paio di minuti, salvo poi tornare timido e introverso.

Quando provi a essere sicuro di te, è come se un pesce cercasse di nuotare contro corrente: può farlo per un po', ma alla fine la corrente prende il sopravvento e nuoterà nella solita direzione.

La corrente è come la tua immagine di te stesso, e ti riporta sempre a comportarti in modo da riflettere la tua immagine.

Se la tua immagine di te dice che sei inferiore rispetto agli altri, allora troverai difficile comportarti in modi che contraddicano la tua inferiorità. O per lo meno, non a lungo.

Per esempio, una persona sovrappeso può dimagrire con la sola forza di volontà, ma se si vede come una "persona grassa", allora sentirà una spinta a diventare la persona che ritiene di essere.

La tua immagine di te si forma attraverso l'esperienza

Quindi, da dove ti viene questa idea nella tua immagine di te stesso che "sei inferiore"? Non si crede in qualcosa a meno che non si pensi ci siano buoni motivi per ritenerla vera.

Bene, abbiamo parlato di come l'ansia sociale spesso si formi dall'aver ricevuti troppi feedback negativi in età giovanile, ed è anche allora che si forma la propria immagine di sé.

Ma questa immagine si rafforza attraverso le esperienze che si fanno giorno per giorno. Se ti ritrovi con decine di esperienze che dimostrano come tu sia inferiore, allora è a questo che finirai per credere.

Se nessuno ti invita fuori o si sforza per conoscerti, allora ti sentirai ancora più inferiore. Se sei la ragazza che nessuno invita a ballare, allora crederai di essere meno desiderabile delle altre.

La tua convinzione o immagine di te si sviluppa tramite l'esperienza, e quanto credi si dica di te.

La tua immagine di te è una profezia che si auto-avvera

È qui che le cose si fanno interessanti. Poco fa, ricordi quando ho detto "[...] tutte le tue azioni, sensazioni, comportamenti, persino le tue capacità, risultano sempre compatibili con la tua immagine di te"? Questa è la chiave.

Se ritieni profondamente di essere inferiore, allora ti comporterai sempre in modo da comunicare agli altri questa tua convinzione.

Sarai meno sicuro di te in loro presenza, incapace di mantenere lo sguardo o resterai senza parole. O magari cercherai di ottenere la loro approvazione.

Quando agisci da inferiore, l'altra persona se ne accorge e non può che crederti. Se TU credi di essere inferiore, allora deve essere così. Dopo tutto, chi ti conosce meglio di te stesso?

Ti tratterà da proprio inferiore, e questo non farà che rafforzare e "dimostrarti" la tua inferiorità. Le tue convinzioni sono una profezia che si auto-avvera.

Ecco un esempio da parte del chirurgo plastico citato prima: le tue esperienze tendono a rimandarti il riflesso della tua immagine interiore.

A causa di questa "prova" oggettiva, alla gente raramente capita di pensare come i propri problemi risiedano nella propria immagine di sé o come si valutano.

Prova a dire alla ragazza del ballo che è lei a "pensare" di non essere attraente, e metterà in dubbio la tua sanità mentale.

Se i ragazzi non le chiedono di ballare, allora deve essere brutta! Ci sono le prove.

La verità sulla tua "motivazione segreta"

Quindi cosa sto cercando di dire? Sto dicendo che qualunque sia la tua "motivazione segreta", è una stronzata! Il tuo background, il tuo aspetto, i tuoi "difetti" fisici, la tua posizione, la tua educazione -- tutte queste cose non contano nulla quando si parla di successo sociale!

Possono aver contribuito a farti sentire inferiore o inadeguato fino a oggi, ma non devono controllare il tuo futuro. Qualunque "motivazione segreta" tu possa avere sul perché non sei spigliato e popolare come altri, va abbandonata.

Non è il tuo aspetto di per sé, ma come tu lo vedi che ti blocca. So che all'inizio può essere difficile da credere, ma pensaci bene: non hai mai visto qualcuno con il tuo stesso "problema" che comunque è sicuro di sé e aperto?

Forse ti senti insicuro perché sei sovrappeso o non attraente -- ci sono un sacco di persone che sono sovrappeso e non attraenti, eppure sono ancora capaci di avere l'autostima che gli permette di essere sicuri di sé e potersi esprimere liberamente.

Saranno pure sovrappeso, ma non si vedono come inferiori o falliti per questo.

Forse ti senti depresso e scornato a causa della tua educazione, i tuoi genitori non son mai stati molto aperti e quindi hai "imparato da loro."

O forse ricordi dei momenti imbarazzanti del tuo passato che hanno attivato la tua ansia sociale. Non dico che queste siano ragioni che possano, da sole, portare qualcuno a sviluppare la AS o un complesso di inferiorità, ma ecco la cruda verità:

ogni singola scusa si sia trovata per coloro che non riescono ad avere una vita sociale e degli amici, è stata sconfitta e debellata da persone con molti più difetti, meno forza di volontà e capacità e meno risorse di te.

Ci sono persone che hanno lo stesso tuo senso di inferiorità o vergogna eppure possiedono una vita sociale piena e soddisfacente.

Questo non vuol dire che devi darti la colpa della tua ansia sociale, ma devi riconoscere il fatto che che sei in grado di reagire una volta che decidi di farci qualcosa.

La trappola del paragone

Forse avrai già sentito dire come l'inferiorità sia il risultato del tuo paragonarti agli altri: se ti paragoni agli altri e ne risulti inferiore, senti come un senso di vergogna di te stesso.

È facile dirti "smettila di paragonarti con gli altri," ma è molto più difficile applicare questo principio nella vita quotidiana.

Prima di tutto, sei stato condizionato fin dall'infanzia a primeggiare.

L'importanza che la società moderna pone nel provare il proprio valore, nel successo materiale, nell'ottenimento di risultati misurabili viene sentito in modo acuto dai bambini.

Per essere amati, accettati e apprezzati, devono produrre delle risposte desiderabili. Le persone vengono riconosciute in base a quanto hanno prodotto, non in base a ciò che sono.

Sai che c'è un problema quando i valori di una società pongono una tale enfasi sulla competizione e sulla realizzazione individuale.

Ricordo come i miei genitori mi trattassero sempre meglio se portavo a casa dei buoni voti e non mi mettevo nei guai.

Apparentemente questo ha senso, tutti i genitori vogliono il meglio per i propri figli, ma purtroppo senza volerlo mi stavano condizionando a credere che i miei risultati fossero un modo per ottenere il loro amore e la loro approvazione.

Forse ai tuoi genitori piacevi di più quando andavi bene nello sport, nel ballo, a scuola, al lavoro o in altre aree. E quando non eri all'altezza delle loro aspettative, non ottenevi la stessa approvazione.

Questo tipo di condizionamento nell'infanzia è ciò che ha reso la tua autostima e sicurezza di te così pessime oggi.

Sei profondamente convinto di non essere una persona valida finché non ottieni dei risultati, finché non sei il migliore, finché non sei all'altezza delle aspettative della società in materia di vita sociale, relazioni e situazione finanziaria.

Quando metti a confronto ciò che fai con ciò che sei, ti senti inferiore o superiore agli altri.

La bellezza e l'autostima

Questa è la seconda parte della trappola del paragone. Nella nostra cultura, la bellezza viene considerata la misura principale del valore umano.

Ti basta solo accendere la TV o visitare un'edicola per vederlo. La gente viene condizionata nel credere che più qualcuno è bello, più vale, il che è una follia se ci pensi bene!

La gran parte dei film, delle pubblicità, dei programmi TV e delle riviste cercano di venderti la loro filosofia, quella del "o sei così, o sei brutto.

Compra il nostro prodotto per fare di te una persona valida." Devi rifiutare il loro messaggio e non cascarci, perché se ti fai condizionare dai valori superficiali dei media, allora non sarai mai all'altezza.

Potrai essere un dottore che salva migliaia di vite, ma ti sentirai comunque inferiore a qualcuno che per puro caso è nato con un bell'aspetto!

Chiediti: le persone meritano davvero di essere valutate e messe su un piedistallo solo per la fortuna di aver avuto i geni giusti? Sto pensando razionalmente quando sono intimidito da una bella donna o sono stato condizionato dai media a mettere la bellezza prima di tutto?

Che tu ti senta inferiore per il tuo aspetto, educazione, razza o livello sociale, stato economico o relazione, tutte queste sensazioni di inferiorità risalgono alla stessa cosa: tu giudichi e misuri te stesso non secondo i tuoi standard, ma secondo quelli di qualcun altro.

Quando questo accade, ne esci sempre inadeguato.

Lottare per una falsa superiorità

Quindi, ora che abbiamo visto perché tu ti senta inferiore rispetto agli altri, esamineremo l'altro aspetto della faccenda.

Guarda le due foto qui sopra, magari vedendo quella a destra avrai pensato "Sì, è vero, non ha niente di speciale.

Lavorerà in qualche locale alla moda, magari non ha nemmeno finito le scuole. Io, d'altra parte, sono più intelligente, ho un buon lavoro, ecc..."

Se hai pensato qualcosa del genere, allora sei caduto di nuovo nella trappola del paragone. Invece di sentirti inferiore, cerchi di trovare motivi per cui sia lei a esserlo, e perché sia tu a poterti sentire superiore. Questa è ancora inferiorità.

Lascia che ti chieda una cosa: quando vedi qualcuno che è migliore di te in qualcosa, senti il bisogno di sminuirlo e tirarlo giù dal podio criticandolo?

Ti senti a disagio se qualcuno più giovane di te ha più successo?

Senti il bisogno di sminuire le persone più attraenti di te?

Quando qualcuno ritiene di essere intrinsecamente inferiore, tende a voler sovra-compensare. Sminuire, criticare, sbeffeggiare quelli di cui si è gelosi è un modo per ridurre il disagio causato da pensieri di inferiorità.

Ma quello che davvero rivela sono solo le tue insicurezze. Per superare il senso di inferiorità non si devono cercare motivi per cui tu saresti superiore.
È simile a quando le persone usano le asserzioni per migliorarsi. Nel caso non lo sapessi, le asserzioni sono frasi positive che cercano di cambiare il modo di pensare.

In genere comportano dire a sé stessi cose del tipo "Sono una persona valida e importante" oppure "Sono sicuro di me e forte."

 Il problema con queste frasi è che segretamente rafforzano l'opposto di quanto desideri.

Perché dovresti dirti costantemente che sei una persona valida e importante se, sotto sotto, non sei convinto di essere privo di valore e non importante?

Molti studi di psicologia lo confermano, cercare di sopprimere o "sovrascrivere" certi pensieri, non fa altro che rafforzarli ulteriormente.

Tu sei unico

Quindi se cercare di renderti superiore non funziona, cosa funziona?
Prima di tutto, devi capire che inferiorità e superiorità sono due facce della stessa medaglia, e la soluzione sta nel comprendere che quella moneta è falsa.

La verità è che:

Tu non sei "inferiore."
Tu non sei "superiore."
Tu sei semplicemente "tu."

"Tu" come persona non sei in competizione con nessun altro, per il semplice fatto che non esiste nell'universo qualcuno che sia come te.

Il tuo valore proviene dalla tua unicità come individuo, smetti di misurarti con i "loro" standard.

Tu non sei "loro" e non potrai mai misurartici. E nemmeno "loro" possono farlo, o dovrebbero. Una volta che hai accettato e credi in questa semplice ed evidente verità, il tuo senso di inferiorità sarà svanito.

Sulla "vera" inferiorità

A volte ci sono persone che mi dicono "Ma non è solo una mia idea, io sono davvero inferiore agli altri." -- Sul serio?

Solo perché non riesci a fare qualcosa bene come gli altri non ti rende una persona inferiore.

Mettiamola così: so per certo che sono un pugile inferiore rispetto a Mike Tyson, sono un attore peggiore rispetto a Ben Afflek, sono inferiore in alcune aree specifiche rispetto a quasi tutte le persone che incontro.

Ma questo non mi rende inferiore a loro. Allo stesso modo, probabilmente io sono superiore in molte cose rispetto alle persone che incontro ogni giorno, ma questo non fa sì che si sentano inferiori a me.

So di essere inferiore a moltissime persone in un modo o nell'altro, ma questo non mi induce pensieri di inferiorità né mi fa sentire depresso, semplicemente perché non mi paragono in modo negativo con gli altri, né ritengo di non valere niente solo perché non riesco a fare bene certe cose che riescono agli altri.
Solo perché nel fare certe cose hai capacità inferiori, questo non ti rende una persona inferiore.

Non si può dare un voto al tuo io profondo. Le tue azioni possono essere buone o cattive, ma non tu. Puoi criticare e avere una pessima opinione di certe azioni, ma non di una persona in nessun caso.

Per esempio, diciamo che devi fare una presentazione davanti a un gruppo di persone e il risultato finale è piuttosto scarso.

In questo caso, la tua performance è stata pessima, ma questo fa di te una persona inferiore? Assolutamente no.

È sacrosanto valutare la tua performance così da poterla correggere, ma non valutare te stesso in base alla tua performance.

La contraddizione dell'inferiorità e dell'approvazione

Ricordi quando all'inizio del libro ti dicevo che la tua ansia sociale aveva radici nella paura della disapprovazione? Sì?

Hai un'ansia sociale perché nel profondo della tua mente hai un credo radicato che dice: "Devo essere amato. Devo essere approvato."

Quando ti ritrovi in contesti sociali, cerchi costantemente di far sì che le persone non ti disapprovino.

Agisci in un modo tale da essere accettato da più persone possibili. Se resti silenzioso, tranquillo, c'è meno rischio di offendere qualcuno.

Ti senti libero di esprimerti o "aprirti" solo quando non c'è alcuna possibilità che l'altra persona ti rifiuti – un parente o un amico intimo.

Okay, ora aggiungiamo la tua "motivazione segreta." Tu sei convinto ci sia una parte di te che sia in qualche modo inferiore.

La vedi la contraddizione? Tu hai bisogno e chiedi approvazione, mentre allo stesso tempo sei convinto che nessuno possa mai approvare il "vero" te a causa di un qualche difetto.

Cercare un risultato porta ansia

Esploriamo ulteriormente questo concetto...

Tu non sei ansioso solo quando ti serve qualcosa da qualcuno, che sia approvazione, uno status sociale o un lavoro.

Sei ansioso in situazioni in cui ritieni che le conseguenze del tuo comportamento siano molto importanti e VUOI ottenere un certo risultato.

Ti farò qualche esempio per spiegarmi meglio.

Perché sei più ansioso quando parli con qualcuno di popolare rispetto a qualcuno che non lo sia?

Perché vedi questa persona come un potenziale accesso alle amicizie e alle relazioni. Perché ha più da offrirti rispetto alla persona che non è popolare, quindi dai più importanza a come ti percepisce.

Un altro esempio sono i colloqui di lavoro.

Persino le persone del tutto prive di inibizioni diventano ansiose prima di un colloquio, perché? Perché vogliono qualcosa da chi gli fa il colloquio (il lavoro), quindi sono preoccupati di come questi li percepisca.

E parlare in pubblico? Se parli a una persona sola, magari riesci a farlo con serenità.

Ma di fronte a molte persone, non ti riesce altrettanto bene, questo perché senti la pressione proveniente dalle aspettative di tutti loro.

Se una persona non ti approva, magari non è chissà che, ma se tutti quanti nella tua classe o al lavoro decidono che non gli piaci, be'... allora sono guai.

Okay, un ultimo esempio. Diventi ansioso quando parli con una persona che trovi attraente?

In parte è perché vuoi qualcosa da lei, vuoi piacerle, e in parte è perché pensi che se fosse il tuo ragazzo o la tua ragazza allora gli altri avrebbero un'opinione migliore di te e non ti ignorerebbero.

Quindi un grosso fattore nell'ansia è il fatto che l'ansia stessa si attivi quando vuoi qualcosa da qualcuno.

Vuoi che reagiscano nei tuoi confronti in un certo modo.

Credi che le potenziali conseguenze del tuo comportamento possano fare una gran differenza.

L'accettazione incondizionata di sé

Vivere all'altezza degli standard altrui

Se dovessi riassumere i problemi alla base dell'insicurezza delle persone con ansia sociale, sarebbe così: **molte persone con l'ansia sociale cercano continuamente di essere all'altezza degli standard altrui.**

Sono costantemente preoccupati se il proprio aspetto sarà gradito agli altri, e quando dicono o fanno qualcosa, guardano come reagiscono gli altri per capire se è andata bene o no.

Se gli altri reagiscono bene, si sentono fieri. Se gli altri sembrano disapprovare, si vergognano.

Comunque, non sto parlando in astratto. Questa "ricerca di una reazione" è un comportamento fisico reale, puoi vederlo tu stesso.

La prossima volta che vedi qualcuno timido in una conversazione collettiva, guarda bene cosa fa quando parla. 9 volte su 10, gli occhi andranno rapidamente alla persona o alle persone di più alto livello sociale, questo perché cerca la sua o la loro approvazione.

Allo stesso tempo, le persone sicure di sé non cercano le reazioni alle proprie parole.

Sul serio, una volta che l'hai visto accadere, non ci vorrai credere. *(Nota: prova tu stesso a non cercare le reazioni alle tue azioni. La prossima volta che parli con diverse persone, fa in modo di guardare negli occhi la persona con cui parli o scosta lo sguardo se ti viene il forte istinto di fissare una certa persona.)*

Una pezza come soluzione

Okay, torniamo alla questione dell'inferiorità. Ti senti inferiore perché provi costantemente a soddisfare gli standard altrui così che ti accettino.

E come fa spesso la gente a liberarsi del proprio senso di inferiorità? Be', intanto comincia a rendersi più accettabile per gli altri. Se hai dei denti rovinati, puoi farli sistemare.

Se sei sovrappeso, mettiti a dieta. Se sei brutto, fatti fare una plastica. Qualunque cosa ritieni sia un impedimento all'accettazione altrui, cerca di liberartene.

Questa non è granché come soluzione. Non sistemi la tua autostima, continui a dipendere totalmente dall'ottenimento dell'approvazione altrui per sentirti bene con te stesso.

Se gli altri hanno ancora un controllo totale su come stai con te stesso, allora non hai sistemato un bel niente. Hai messo una pezza sulla tua sicurezza, non della vera autostima.

Il problema con il "liberarsi" di una supposta inadeguatezza è che non stai risolvendo il vero problema, ovvero il modo in cui pensi!

Se ti senti un perdente perché sovrappeso, e diventi magro, ci sarà sempre la possibilità di tornare a sentirti un perdente non appena riprenderai qualche chilo!

Appena smetti di essere all'altezza degli standard, nella tua testa torni a essere un inutile fallito.

Un altro errore comune delle persone con una bassa autostima è quello di valutarsi basandosi su quanto siano bravi in qualcosa.

Leghi la tua autostima a quanto bene vai a scuola, a quanto sei bravo in un certo sport, quanto sei popolare, quanti amici possiedi, quanto appari sicuro di te e così via.

Se ti senti inadeguato per una di queste ragioni, allora cerchi di far sì che il tuo comportamento, invece dell'aspetto, sia all'altezza delle aspettative altrui.

La "soluzione rapida" consiste nel cercare di essere perfetti, cercare di apparire eccellenti a tutti quanti.

Molti timidi e ansiosi sociali fanno l'errore di pensare che se fossero nati come dei fotomodelli, allora non sarebbero timidi e insicuri.

È un enorme equivoco. Le persone sicure di sé non sono tali perché prive di difetti. Lo sono nonostante i loro difetti.

Infatti, i loro difetti li rendono ancor più unici e interessanti. Pensa alla persona più sicura di sé che tu abbia conosciuto dal vivo e pensa al suo maggior difetto.

Magari ha un difetto di cui tu ti vergogneresti, ma a questa persona pare non importare.

Non sente il bisogno di essere perfetta perché gli altri la accettino. Non sente il bisogno di essere all'altezza degli standard altrui per accettarsi.

Evitare il fallimento, svicolare dalle critiche, o cercare di avere tutte le tue peculiarità al di sopra della media, tutte queste sono solo delle pezze a un problema più grande. Nessuna di queste soluzioni funziona sul lungo termine. E allora qual è l'alternativa?

L'alternativa: l'auto-accettazione incondizionata

Voglio insegnarti un nuovo modo di guardare l'autostima. Una definizione migliore di autostima è AUTO-ACCETTAZIONE INCONDIZIONATA.

Quando accetti te stesso, sei sicuro di te e aperto. Sei a tuo agio nell'esprimerti appieno invece che ansioso e insicuro.

La prossima volta che ti trovi in un contesto pubblico, guarda la differenza di comportamento fra le persone popolari e quelle che non lo sono.

Qual è la differenza principale? Le persone popolari accettano sé stesse, e hanno abbastanza stima di sé da parlare liberamente e dire quello che vogliono.

Le persone che non sono sicure di sé sono tese perché, in ogni momento, la loro auto-accettazione può crollare se crolla quella da parte degli altri.

Da ora in poi, devi modificare il tuo modo di pensare da un'auto-accettazione condizionata a un'auto-accettazione incondizionata.

Invece di aver bisogno dell'amore e dell'approvazione degli altri, accettati e sentiti bene con te stesso per nessun motivo logico.

Ecco alcuni esempi di comportamenti che si tengono quando si cerca di essere all'altezza degli standard altrui per ottenere la loro approvazione:

•**Insicurezza:** se sei preoccupato di qualunque "difetto" tu possa avere, e continui a controllare come sia allo specchio, e lo valuti di continuo, allora ti stai preoccupando che possa renderti inadeguato all'approvazione altrui.

•**Auto-controllo:** se puoi camminare e muoverti normalmente quando sei da solo in casa, ma ti senti teso e attento a come ti comporti in contesti sociali, è perché sei fin troppo cosciente di come ti vedano gli altri. Invece di lasciare che gambe e corpo si muovano come al solito, cerchi di controllare cosa gli altri pensino delle tue azioni e provi ad adattarle.

•**Conversazioni:** se non ti viene in mente cosa dire quando sei con delle persone "giuste", ma riesci a parlare perfettamente quando sei in famiglia, è perché cerchi di farti accettare da loro.

Non ti senti a tuo agio nel parlare liberamente come quando sei in famiglia perché temi che, se dici la cosa sbagliata, non ti accetteranno più. Quindi invece di rischiare la disapprovazione, soppesi con attenzione ogni parola per controllare come verrà presa dagli altri. *(Ne riparlerò nel prossimo capitolo...)*

Qual è il comune denominatore in questi comportamenti? Far sì che gli altri ti amino e ti approvino cercando di essere all'altezza di quelli che credi siano i loro standard.

E questo accade perché la tua auto-accettazione dipende da quella altrui: ti accetti e sei fiero di te solo se gli altri ti amano e ti approvano. Altrimenti, provi vergogna.

Se ritieni che tutto questo si applichi a te, allora vuol dire che hai un'auto-accettazione condizionata: ti accetti solo se rientri in determinate condizioni, come avere un bell'aspetto, essere popolare, avere un ragazzo/ragazza, avere persone a cui piaci, e così via.

L'auto-accettazione condizionata è quella che hanno TUTTI coloro che soffrono di ansia sociale. E allora qual è la soluzione? L'auto-accettazione incondizionata.

In altre parole, ti accetti, comunque sia.

Come si sviluppa l'auto-accettazione incondizionata?

1. **Ogni volta che ti senti ansioso, devi rintracciare la radice dell'ansia e capire come si colleghi alla paura della**

disapprovazione. L'ansia in genere è causata dal tuo importi di fare bene. Quando sei ansioso, cerca questo senso di dovere/obbligo in te: le tue azioni provengono da un pensiero di fondo sul "devo essere amato/accettato/approvato?"

2. **Lavora concretamente sull'implementare uno stato mentale di auto-accettazione incondizionata che si applichi in ogni momento.** Pensaci: se non ti affidassi alle altre persone per determinare la tua auto-accettazione e valore, allora non avresti nessuno dei problemi che ho menzionato prima. Non accadrà da un giorno all'altro, ma il tuo modo di pensare cambierà lentamente con il tempo se continui a esporti in situazioni che provocano ansia e fai attenzione a quando i tuoi comportamenti vengono guidati dalla ricerca di approvazione.

3. **Da questo momento, non valutarti in alcun modo.** Se fallisci un esame o perdi il lavoro, non significa che sei una persona inferiore. Il tuo valore come persona non cambia a seconda di quanto tu faccia bene o di quello che gli altri pensano di te.

4. **Devi sviluppare la convinzione profonda che tu non sei valutabile.** Le tue azioni possono essere buone o cattive, ma non tu. Tu esisti e basta. Quindi se prendi un brutto voto o perdi il lavoro, magari potrà voler dire che le tue azioni non sono state quelle giuste, ma non dice nulla su di te. È importante valutare i tuoi risultati per poter correggere le tue azioni, ma non valutare te stesso in base ai risultati.

5. **Quello che vale per te, vale anche per gli altri.** Non valutarli. Puoi condannare le azioni, ma non le persone per alcun motivo al mondo. Se qualcuno ti ruba dei soldi, la sua azione è stata pessima, ma questo non fa del ladro

necessariamente una persona malvagia o inferiore.

6. **Non puoi allontanarti dalla vergogna se non ti allontani dall'orgoglio.** Sono due facce della stessa medaglia. Non puoi smettere di flagellarti per aver ottenuto un risultato scarso se non la smetti di sentirti in qualche modo superiore agli altri quando invece fai bene.

Ogni volta che pensi a qualche motivo logico per cui dovresti sentirti fiero, smettila. Il fatto che tu possa essere più istruito, intelligente o maturo rispetto a qualcuno non ti rende suo superiore.

Il fatto che tu possa avere più denaro o "più cose" non ti rende superiore a nessuno.

Devi abbandonare l'abitudine a cercare di convincerti con la logica del perché dovresti essere sicuro di te stesso. Non ci sono "motivi" per sentirsi sicuri, perché l'accettazione di te stesso è incondizionata.

Coloro la cui costruzione dell'autostima si basa sui risultati, sulle capacità, sull'estetica e così via, si sentono bene con sé stessi fintanto che le loro capacità, bellezza e risultati restano intatti.

Non appena questi cambiano, si perdono. È questo valutare sé stessi? No, è valutarsi in base alle "cose".

Implementa questo modo di pensare in tutto quello che fai. Il fatto che a volte tu ottenga approvazione e a volte disapprovazione dagli altri non dice nulla su di te.

È un feedback utile, ma l'idea nella tua testa che tu debba costantemente essere all'altezza degli standard altrui per essere approvato e avere reazioni positive, è del tutto falsa.

Come fai a dimostrarti che è falso? Chiediti: "Perché diavolo devo essere all'altezza degli standard altrui perché mi approvino?" Chieditelo 1000 volte finché la risposta non sarà sempre: "Non devo essere niente." È un buon inizio.

Domande

Ci sono due domande particolari che mi fanno quando insegno l'auto-accettazione incondizionata. In genere sono qualcosa del tipo: "Se non mi importa nulla dell'essere accettato dagli altri, allora perché non starmene comunque chiuso in casa tutto il giorno?

Non perderei tutta la spinta a voler socializzare?" e la seconda, "Se non mi importa che gli altri accettino il mio aspetto, o comportamento, allora non finirò per essere sgarbato e velenoso?

Non mi troverò a prendere a cazzotti la gente che mi fa incazzare e a dire cose che mi fanno perdere il lavoro?"

In altre parole, se smetti di comportarti in modo da ottenere l'approvazione altrui, allora perché non startene tutto il giorno a casa e respingere del tutto il prossimo?

Ecco la risposta a quelle domande:

Potrai anche non avere BISOGNO dell'accettazione altrui per accettare te stesso, ma ci sono comunque cose che VORRESTI avere, come gli amici.

Con gli amici ci si diverte molto più che non avendoli, quindi è del tutto normale essere spinti a migliorare la tua vita sociale per il piacere dei rapporti e della compagnia.

Allo stesso modo, il motivo per cui non devi respingere il prossimo non è per il timore della disapprovazione, ma perché ti porta dei vantaggi.

Se vuoi avere un lavoro, allora è vantaggioso non respingere il tuo capo. Ma non dimenticarti che non è un qualcosa che devi fare, solo qualcosa che scegli di fare per goderne i benefici.

Desiderio/voglia/preferenza per l'approvazione va bene, è umana. Purché non ti ritrovi a dire DEVO DEVO DEVO averla. Perché? Spesso non avrai quello che vuoi, e anche quando accade, chi dice lo avrai ancora domani?

Sentirsi dispiaciuti e tristi perché non si ottiene quello di cui si ha bisogno è normale.

Se fai un casino durante un incontro pubblico è normale rattristartene. Il problema è quando ti senti disgustato e umiliato per questo.

Quindi anche se non DEVI fare nulla, ci sono certe cose che TI PIACE fare, e non vengono più spinte da un bisogno disperato dell'approvazione altrui, ma dal puro desiderio di divertirti e stare meglio.

La tua nuova visione della vita è questa: "Non mi serve nulla. Esisto e basta.

E ora come cavolo mi diverto?" Questa è una motivazione ben migliore di quella che dipende dal soddisfare temporaneamente il tuo bisogno di approvazione.

Quindi, invece di vergognarti di te stesso se non vai bene come vorresti in certi contesti, prova a pensare "Ah, così come stanno le cose è una vera rottura.

Vorrei non fosse così, quindi cosa faccio per cambiare le cose o imparare a conviverci?"

Questo si applica alla mancanza di amici, di una vita sociale o di una relazione sentimentale, alla mancanza di successo, qualunque insicurezza tu possa avere sul tuo aspetto esteriore, e sul tuo livello di capacità sociale.

Non ti SERVE più che siano diversi per poterti accettare, ma puoi volerle migliorare per migliorare la qualità della tua vita, non perché nel farlo potrai renderti migliore agli occhi degli altri e per ottenere la loro approvazione.

Liberarti dagli altri

Uno dei problemi più grandi che vedo nelle persone con problemi di timidezza e ansia sociale è la loro dipendenza nella valutazione e approvazione altrui.

Si affidano all'accettazione degli altri.

Se qualcuno ha la capacità di farti sentire mediocre semplicemente disapprovandoti, allora ha controllo e potere su di te. Hai ceduto il potere richiedendo la sua approvazione.

Quello che ti sto insegnando a fare è di liberarti da questa dipendenza.

Non sto dicendo di prendere le distanze dagli altri, ma di diventare indipendente.

Alla gente, infatti, piacciono di più le persone che non necessitino della loro accettazione o approvazione. Rende possibile una relazione equa. E allora come si fa?

Fai valere la tua opinione su te stesso rispetto a quella degli altri. Solo perché non piaci a qualcuno non vuol dire che tu non possa piacere.

Se qualcuno non ti apprezza quanto gli altri, non deve influire su quanto tu apprezzi te stesso.
Se qualcuno ti provoca, influisce su di te? Se qualcuno ti critica, senti il bisogno di dire a tutti che tu non sei come dice tu sia?

Questo dimostra solo che dai troppa importanza all'opinione altrui.

Invece, devi restare indifferente alle reazioni negative degli altri. Devi arrivare al punto da dipendere sempre meno dalle reazioni altrui per sentirti bene con te stesso.

Cominciare ad avere un maggiore controllo sulle tue emozioni e aumentare la tua indifferenza rispetto a ciò che la gente pensa di te.

Purtroppo, per quanto suoni bene, non c'è una bacchetta magica per riuscirci.

Si ottiene con il tempo, aumentando l'esperienza e iniziando a vivere secondo i principi che ti ho mostrato.

Dall'auto-consapevolezza alla spontaneità

Molte delle persone con timidezza o ansia sociale sono bloccate nella propria testa. Sono perse nei propri pensieri, si preoccupano di come gli altri le percepiscano.

Pensano a cosa potrebbe accadere in futuro o rivivono eventi passati.

Questo pensiero costante e analisi interiore è uno dei più grossi ostacoli nel superare la AS. Lascia che ti mostri la via d'uscita.

Perché non sai cosa fare

Immagina di tornare a scuola. L'insegnante che odi di più ti ha appena fatto una domanda, e ovviamente ha scelto quella di cui non conosci la risposta.

All'improvviso, la tua mente si svuota. Che fai?
Cerchi disperatamente di pensare a qualcosa da dire,
mentre in classe cade un silenzio imbarazzato. Ti
stanno guardando tutti. Tutti sono in attesa.

Improvvisamente non sai più dove mettere le mani,
le sposti sull'orlo del banco, e senti come siano fredde
e sudate.

Ma non hai tempo per pensarci. Devi dire qualcosa,
qualsiasi cosa.
Svelto!

Butti fuori una risposta. Perché hai una voce così
strana? Tutti continuano a fissarti. Ora la tua voce
suona un po' meglio. Vorresti solo che l'insegnante
cambiasse bersaglio...

Cosa hai sbagliato?

Forse ti è già accaduto una volta, o forse molte volte.
O forse situazioni molto simili. A me è successo, e
succede a molte persone timide, per un motivo.

E il motivo è che le persone timide tendono a preoccuparsi di ciò che gli altri pensano di loro. In classe, eri cosciente del fatto che tutti ti stessero guardando. Non volevi scazzare.

Non volevi che gli altri si facessero un'idea sbagliata di te, quindi dovevi pensare attentamente a quello che avresti detto o fatto. Purtroppo, il tuo piano ti si è ritorto contro.

Sei caduto in trappola

È una trappola in cui cadono molti con la AS: cercano di gestire e controllare quello che gli altri pensano di loro. Pensano continuamente a piccole cose che non hanno importanza.

Per esempio: piacerà quello che stai per dire?
I tuoi vestiti rappresentano la tua personalità?
Il modo in cui cammini manderà il giusto messaggio?
Qual è il messaggio del corpo corretto?
Far questo o quello ti farà sembrare meno intelligente?

Le persone ti rispettano davvero?

Questo è il processo che seguono le persone timide prima di dire o fare qualcosa:

1. "Cosa dovrei dire adesso?"
2. "Andrà bene?"
3. "Qual è il modo migliore per dirlo?"
4. ...e solo allora lo dicono.

Questo modo di pensare si chiama **Auto-monitoraggio**, ed è pessimo per molte ragioni:

1. Esitazione

Invece di lasciarti andare ed esprimerti, continui a pensare e pensare e pensare. E quando finalmente fai qualcosa, viene innaturale. Non è divertente per te e non lo è per gli altri. Più esiti prima di fare qualcosa, più rigido e fasullo sembrerà.

Per esempio, se pensi a cosa dire, e poi ti chiedi se dovresti dirla, diventi nervoso.

Non è più un qualcosa che ti è venuta in mente e diventa una TUA idea. Più dai importanza a come reagiranno le persone, più aspetti.

E quando finalmente apri bocca, sei nervoso. Passi così tanto tempo e dai così tanta attenzione a controllare quello che fai, che viene innaturale.

2. Sembri estraniato

Quando ti stai auto-monitorando, sembri estraniato, come se ti trovassi 10 secondi nel passato o nel futuro, invece di trovarti nell'ORA a goderti il momento.

Solo le persone timide o quelle fin troppo auto-consapevoli controllano quello che fanno, la gente normale non lo fa.

Quello che fa la gente normale è non pensare prima di agire, non pensano a quello che stanno per dire. Hanno un'idea generale di quanto vogliono comunicare, e la dicono.

Spesso, quando lo dico a quelli che soffrono di AS, si sentono confusi: se non sanno quello che succederà prima di farlo, non si troveranno a sparare cavolate e allontanare tutti?

Non è che poi si diventa una di quelle persone fastidiose che dicono di tutto senza pensare?
Una volta imparato a smettere di auto-monitorarti, ti garantisco che cambierai idea.

Scoprirai che smettere di aver bisogno di controllare tutto quello che comunichi ti farà comunicare meglio.

Sarà come se avessi sempre guidato con il freno sociale, e solo ora scopri come togliere il piede dal pedale.

Ripensa a una delle tue migliori esperienze in compagnia. È probabile che sembrasse come se le parole giuste ti uscissero da sole.

Non eri rinchiuso nella tua testa, cercando di uscirtene con qualcosa da dire.

Scorreva tutto liberamente, ti godevi il momento ed eri connesso agli altri. E soprattutto, ti stavi divertendo.

3. Sembri fasullo

Oh, che ironia. Vuoi piacere alla gente e che pensino tu sia una persona a posto, e invece no. Ti ritengono fasullo.

Quando stai lì a pensare a tutto quello che dici e fai, non viene direttamente da te. È stato filtrato dal tuo cervello, e la gente lo percepisce.

Sentono quel senso di distanza quando sei stato lì un minuto a pensare cosa dire.

Non sentono da te la stessa energia che proviene da chi dice qualcosa sul momento, e quella mancanza di energia li spegne.

Ogni volta che cerchi di fare una certa impressione sulla gente, ti stai sabotando. Solo qualcuno con un bisogno disperato di approvazione prova così duramente a essere ben visto.

D'altra parte, se non ti importa di quale sia l'impressione che fai agli altri, mostri di essere sicuro di te perché non ti serve l'approvazione altrui.

L'auto-monitoraggio porta all'introversione e all'inibizione

Pensiamo a cosa sia davvero l'auto-monitoraggio. Ti aiuterà a capire come smettere.

L'auto-monitoraggio accade quando cerchi coscientemente di controllare azioni e comportamenti che normalmente non sono coscienti. Che significa?

Quasi sempre il tuo respiro è un comportamento incosciente. Non te ne accorgi perché il corpo se ne occupa senza che tu debba far nulla.

Ma se cominci a farti respirare diversamente, hai reso il respiro un comportamento cosciente. Ora ci stai pensando.

È come la differenza che c'è tra il far andare un aereo con il pilota automatico e prendere in mano la cloche.

Il punto è, ti monitorizzi quando cerchi di controllare i comportamenti che dovrebbero tenersi da soli perché temi l'impressione che potrebbero dare.

Controlli la bocca quando parli? Controlli coscientemente come respiri? Pensi a come si muovano braccia e gambe quando cammini? Ti preoccupi della posizione delle tue braccia? Magari non lo stai facendo adesso, ma in contesti sociali sì.

Spesso la gente mi chiede cose del genere "Come posso parlare/camminare in modo più naturale?" Il fatto è che cercano sempre qualche consiglio su come forzare la propria camminata a essere più naturale, senza capire che anche solo pensarci è quello che crea il problema!

Molte delle azioni legate al socializzare dovrebbero essere naturali, non uno sforzo cosciente.

Il tuo scopo è socializzare con naturalezza, senza starci a pensare, proprio come quando guidi una bici.

Quello che ti ostacola è l'auto-monitoraggio e il controllo eccessivo delle tue azioni, è questo che ti porta ad agire in modo inibito.

Quindi non cercare di controllare la bocca mentre parli, non far muovere le braccia in un certo modo quando cammini.

Abbandona il controllo e permetti loro di fare come gli pare. Ecco come...

Come smettere l'auto-monitoraggio

1. Prima di tutto devi **capire quando accade**. Devi "coglierti sul fatto." All'inizio può essere difficile, ma quando capisci che ti stai monitorando, devi...

2. **Spostare l'attenzione.** La tua attenzione è sempre attiva, non può essere spenta o abbassata, solo reindirizzata. Una delle cose più importanti che puoi fare per superare la AS è di concentrare la tua attenzione in modo che ti aiuti piuttosto che bloccarti. In un contesto sociale, se stai a pensare a tutte le cose che stai facendo male, e ti concentri sul non metterti in imbarazzo, ti troverai ad "andare sul sicuro." Parlerai il meno possibile e quando lo farai, suonerai circospetto e strano. Ma se ti concentri sul conoscere gli altri e farti due risate, starai a tuoi agio e gli altri ti accetteranno nel gruppo. Se sei completamente immerso in una conversazione al punto da pensare solo a quanto si sta discutendo, allora

le parole ti verranno automatiche e spontanee. Ripeto, è solo uno spostamento dell'attenzione. Se sei da solo e senti che ti stai concentrando su di te, puoi comunque spostare l'attenzione altrove: pensa di trovarti sulla spiaggia, conta fino a cento, osserva e lasciati affascinare dal paesaggio, pensa a qualunque cosa ti distragga del tutto da quanto stai facendo.

3. **Smetti di parlare da solo.** Se lo fai di continuo tra te e te, smettila. Le persone timide spesso parlano da sole per evitare di parlare con gli altri. Sposta a tua attenzione con la tecnica che ti ho appena mostrato. Quando metti a tacere la tua testa e ti concentri su quanto hai di fronte, ti verrà più facile dire qualcosa.

4. **Non pensare prima di agire.** Non chiederti prima quello che "stai per dire." La cosa peggiore è provare nella tua testa cosa dirai prima di dirlo effettivamente. Le persone davvero sociali hanno un sentore generale di

quello che vogliono dire, poi aprono bocca e lo dicono. Non pianificare, agisci, poi correggi il tiro man mano.

5. **Non esitare.** Quando ti salta un pensiero in testa, esprimilo entro 2 secondi. Più aspetti, peggio sarà la paura di sbagliare. Ti fai troppi film in testa, la soluzione è prenderla in scioltezza. Per come ti senti, potresti essere in una zona di guerra, mentre invece stai solo parlando con qualcuno. Essere spontanei è come un muscolo, più lo eserciti più potrai farci affidamento.

6. **Non criticare le tue azioni.** Dopo aver fatto qualcosa, non analizzare come sia andata. Ecco come agisce in genere una persona inibita: dopo aver raccolto il coraggio di dire qualcosa, si dice subito, "Forse non avrei dovuto dirlo. Forse l'altra persona la prenderà nel verso sbagliato." Smetti di farti così tanta autocritica, la tua critica è inutile perché quando fai un errore in un contesto sociale, la tua mente

impara la lezione e si adatta da sola per il futuro. È come imparare ad andare in bici: se cadi, il cervello riceve un feedback dall'esperienza, e nel tempo impara a farti tenere l'equilibrio e a non rifare lo stesso errore. L'apprendimento delle doti sociali avviene allo stesso modo: potrai iniziare in modo sbilanciato e strano, ma il cervello continua a imparare dalle tue esperienze e migliora automaticamente il tuo comportamento basandosi sul feedback che ricevi dall'interazione con gli altri. Quindi piantala di farti a pezzi. Un feedback utile e benefico lavora sul subconscio, spontaneamente e automaticamente. Metterti costantemente in discussione porta al fallimento.

"E se dico qualcosa di imbarazzante?"

Se non revisioni tutto quello che stai per dire nella tua testa, come fai a sapere cosa dirai? Non lo sai.

Devi solo fidarti che anni di conversazioni fatte e ascoltate ti abbiano insegnato abbastanza da poter dire quello che hai da dire automaticamente.

Inizialmente questo richiede un atto di fede: hai pensato a cosa dire per così tanto tempo, che parlare senza un filtro può apparirti innaturale.

Fidati di me, è più facile ed è come fa la gente di solito.

"Ma un po' di inibizioni non fanno bene?"

Un commento che ricevo spesso quando insegno queste cose è: "Ma non è sbagliato essere del tutto disinibiti?

Cioè, se non mi interessa per niente di cosa pensa la gente, magari posso finire per insultare tutti e non piacerò a nessuno.

Al mondo non serve forse un po' di inibizione, altrimenti saremmo dei selvaggi e la società civile crollerebbe?

Se ci esprimessimo senza freni, esprimendo liberamente i nostri pensieri, litigheremmo con chiunque."

Come rispondo? Sì, al mondo servono un po' di inibizioni. Ma non a te. La parola chiave è "un po'."

Tu ne hai così tante che è come se qualcuno con la febbre mi venisse a dire che ci vuole un po' di calore per restare vivi.

Se hai la febbre, la cosa migliore da fare è concentrarti totalmente sull'abbassare la tua temperatura. Non preoccuparti se sarà troppo bassa, non è questo il problema adesso.

Sì, ci sono persone a cui servirebbe essere più inibite.

Ma se stai leggendo questo libro, non sei certo tu. Tu devi concentrarti sulla disinibizione. La "cura" dell'inibizione e dell'auto-monitoraggio è fare un passo deciso nella direzione opposta, concentrandoti solo sul disinibirti e fregartene di quello che pensano gli altri.

Stai lavorando contro la tua abitudine a essere inibito, e dandoti una forte spinta non ti troverai esattamente dalla parte opposta, ma da qualche parte nel mezzo.

Non è davvero possibile infischiarsene completamente di quello che gli altri pensano di te. Ti importerà sempre, fa parte della tua psicologia.

Quindi non temere di trovarti a essere "troppo disinibito", concentrati solo sull'allenarti a essere meno attento, meno preoccupato, e meno cosciente delle tue azioni.

È come un giocatore di basket che si alleni a saltare.

Il suo allenatore gli dice "salta fino a toccare il cielo", cosa che ovviamente non riuscirà mai a fare, ma concentrandosi sul provarci, salterà ben più in alto se il suo obbiettivo fosse di saltare a un metro da terra.

Dal voler fare impressione all'autenticità

C'è un altro argomento che vorrei toccare, cui ho fatto riferimento in questa sezione. L'idea è che la spontaneità ti permette di esprimerti in modo più autentico.

Come abbiamo detto prima, l'auto-monitoraggio deriva dall'inferiorità: non credi che la gente ti accetti per quello che sei veramente, e quindi senti il bisogno di alterare come ti percepiscono.

Diventare autentico significa rimuovere la distanza tra la persona che cerchi di mostrare al mondo e quella che sei nel "profondo".

Significa abbandonare il bisogno di fare una certa impressione sulle persone che frequenti ed esprimere liberamente la tua personalità.

Ironicamente, il modo migliore per piacere alla gente è non cercare di farti piacere da loro. Il modo migliore per piacere alla gente è esprimere liberamente la tua personalità senza preoccuparti della loro eventuale disapprovazione.

Per poter fare una buona impressione è non provarci coscientemente: esprimiti liberamente e vada come vada.

Lascia sia il fato a decidere, e non cercare di controllare le reazioni degli altri cambiando le tue.

Mai "chiederti" cosa l'altra persona pensi di te, o come ti giudichi.

Connetterti alla tua personalità "naturale"

Quello che sto cercando di farti fare è di metterti in contatto con il modo in cui ti comporti naturalmente quando non senti la pressione di altri occhi addosso.

Noti mai come a casa tu sia del tutto rilassato e cammini normalmente, mentre fuori sia attento a tutto? O magari ci sono una o due persone con cui riesci a essere "te stesso", ma quando provi a parlare con altri non sai cosa dire e ti senti inibito?

Molti di coloro a cui insegno spesso presumono di dover imparare qualche sorta di abilità sociale per migliorare la propria personalità. Questo non è vero in quasi ogni caso.

Quasi sempre, non è questione di aggiungere qualcosa alla tua personalità, quanto di rimuovere le barriere che ti trattengono.

Le tue paure, la tua attenzione verso te stesso e le inibizioni: una volta che queste vengono rimosse, scoprirai che esprimere te stesso è facile e piacevole, e non richiede quasi alcuno sforzo.

Credere in quello che dici

Una GRANDE barriera nel diventare questa persona vera è fare il salto da colui che controlla scrupolosamente quanto dice a colui che è del tutto spontaneo.

Cosa ti impedisce di dire quello che ti pare? Spesso è questione di quanto ti senta in diritto di dire la tua in mezzo ad altra gente.

C'è un filtro nella tua testa tra quanto pensi e quanto dici: più riesci a rimuovere quel filtro, più diverrà spontaneo quello che dici.

Più esiti e pensi a quello che fai, più innaturale, rigido e fasullo sembrerà quando lo farai.

Quanto dici non deve nemmeno essere per forza interessante. Invece di cercare di dire sempre la cosa giusta, abbassa il livello di aspettativa verso quanto vuoi dire.

Quanto dici non deve essere sempre divertente o interessante. In effetti, spesso dimostra come tu ritenga di dover divertire e intrattenere le persone perché ti stiano attorno.

Una volta che inizi a valutarti come persona e a costruire la tua autostima, ti diventerà più facile.

Inizierai a credere davvero che alle persone tu possa piacere per quello che sei, invece di dover sempre fare qualche commento simpatico per mantenere la loro attenzione e affetto.

Se ti sei mai domandato "Qual è la cosa giusta da dire in questa situazione?", allora PIANTALA.

Inizia a inculcarti l'idea che quanto dici è sempre la cosa giusta da dire, non perché sia un commento sagace, ma perché proviene da te.

Non aver paura di dire cose noiose oppure ovvie, alla gente va benissimo parlare con un'altra persona normale.

La consapevolezza ed essere presenti

In questo capitolo ti spiegherò alcune delle pratiche più efficaci che mi hanno aiutato a superare l'ansia sociale.

Ti insegnerò delle tecniche che ti permetteranno di zittire i tuoi pensieri ansiosi, mettendoti naturalmente in uno stato di relax invece che di tensione, e permettendoti di essere completamente "nel presente".

Alcune di queste sono insegnamenti al centro del buddismo e dello zen, altre sono adattate da diversi programmi di terapia sull'attenzione. Unite, formano un set molto efficace di tecniche che ti aiutano a superare l'ansia sociale.

Inizierò con lo spiegare come funziona l'attenzione...

Nuotare nei nostri pensieri

Molte persone sono come pesci che nuotano nei propri pensieri. Quando un pesce nuota, non sa di essere sott'acqua, nuota e basta.

Pensare funziona allo stesso modo. I nostri pensieri sono come l'acqua: siamo così immersi in essi che a malapena ci accorgiamo esistano. **Anche se pensiamo sempre, non notiamo quasi mai coscientemente di farlo.**
Il pensiero diventa un processo che eseguiamo inconsciamente e automaticamente. Non ci facciamo caso.

Devi forse pensare a sbattere le palpebre o respirare? Dato che molti pensano inconsciamente e automaticamente, diventano tremendamente racchiusi nei propri pensieri.

Si identificano talmente tanto con i propri pensieri che la loro mente diventa dura come una roccia.

La consapevolezza si occupa del diventare coscienti dei propri pensieri.

Facendo così, sei in grado di ottenere una coscienza e prospettiva che prima non avevi.

Improvvisamente, non ti trovi più a nuotare nei tuoi pensieri. Sei saltato fuori dall'acquario e sei in grado di osservare i tuoi pensieri che vi nuotano dentro.

"A che scopo?"

Se ti domandi quali benefici la consapevolezza possa darti rispetto all'ansia, ecco la spiegazione.

Prima di tutto, la consapevolezza è di grande aiuto per le persone ansiose perché è il primo passo per modificare i pensieri ansiosi, dato che sei in grado di osservarli dall'esterno invece di trovarti DENTRO di loro, vedendo il mondo tramite la loro lente deformante.

Secondo, la consapevolezza è la scala che porta a come essere presente nel momento invece di pensare sempre al passato, al futuro e vivere le fantasie che ci sono nella tua testa.

Se ti hanno mai detto come ti capiti spesso di estraniarti o sognare a occhi aperti, allora hai bisogno di vivere di più nel presente.

Come diventare presente

Allora come si diventa coscienti? La tecnica è apparentemente semplice, ma non lo è propriamente.

Devi solo osservare il processo dei tuoi pensieri senza interferire, giudicare o commentarlo. Permetti solo alla tua mente di parlare di tutto quanto le vada, il tuo unico scopo è di restare un osservatore distaccato.

Scoprirai che all'inizio sarà difficile restare distaccato, ti dimenticherai di dover solo osservare e ti farai coinvolgere automaticamente dai tuoi pensieri.

Quando succede, torna a osservare ed essere cosciente dei tuoi pensieri senza fartene coinvolgere.

Il processo della consapevolezza è facile da descrivere, ma non da applicare.

Ci vuole tempo per cambiare schemi abituali, specie il pensiero compulsivo. Ma se riesci a padroneggiare il concetto base dell'osservazione distaccata dei tuoi pensieri, allora dovresti migliorare con la pratica.

Se lo fai nel modo giusto, scoprirai come avrai iniziato a creare un distacco tra te e i tuoi pensieri.

Non sei più identificato e immerso nei tuoi pensieri come prima, puoi vedere l'acqua in cui hai nuotato tutta la vita. Ti poni a guardare i tuoi pensieri invece di guardare il mondo attraverso di loro.

Allargare questa separazione tra i tuoi pensieri e te come loro osservatore è al centro della consapevolezza, ed è ciò che ti renderà presente invece che immerso nei tuoi pensieri.

Vivere "momento per momento"

Se "essere presente" è un concetto difficile da cogliere, allora considera questo come un modo per imparare a vivere momento per momento.

Ti stai insegnando a mantenere l'attenzione distante dal pensiero costante su ciò che potrebbe accadere o ciò che è accaduto.

Vivere momento per momento significa avere quasi tutta la tua attenzione sempre concentrata sul momento e sulla situazione in cui ti trovi, senza pensarci.

Significa concentrarti sulla realtà di ciò che accade ora, invece che sull'illusione dei tuoi pensieri.

Perché li ho chiamati illusioni? Perché il futuro che costruisci nella tua mente non è reale, è solo una serie di pensieri, che possono causarti ansia e paura se ti immagini che possa accadere qualcosa di brutto nel futuro, o una falsa speranza se pensi l'opposto.

In ogni caso, il futuro che immagini non è reale, perché accade solo nella tua testa.
Anche i tuoi pensieri sul passato non sono reali. Quando pensi al tuo passato, stai rivivendo qualcosa che è già successo, e magari potrai pensare a un evento reale, che però non sta accadendo ora.

Se ti concentri sempre su cose accadute 10 anni, 10 mesi, 10 minuti o anche 10 secondi fa, allora non sarai in grado di concentrarti sull'unico momento in cui le tue azioni possano fare la differenza, ovvero il presente.

Non puoi influenzare il passato o il futuro.

Ricordo quando stavo imparando a suonare uno strumento, e un amico mi disse: "Se scazzi o suoni la nota sbagliata, fregatene!

Ormai è successo, non puoi tornare indietro. Il fiume continua a scorrere, resta nel presente!"

Questa è esattamente la forma mentale che devi adottare quando parli con qualcuno: se sbagli qualcosa, non pensarci! Poni la tua attenzione su quello che accade ora, non su quanto accaduto due minuti fa.

Tutti dicono cose stupide prima o poi, ma non gli importa perché non ci stanno a rimuginare e restano nella conversazione.

Se pensi a quello che potrebbe accadere, come ciò che dirai, allora smetti anche quello. Uccide la tua spontaneità.

Non pianificare quello che dirai, devi cominciare a fidarti di quello che dirai, che ti verrà naturale quando ne avrai bisogno. Ti basta solo tenere l'attenzione sul presente mentre si svolge.

E come si fa? Esercita la consapevolezza come ti ho spiegato prima. Esercitati a essere molto attento e cosciente, ma non pensare.

Osserva i tuoi pensieri invece di fartene controllare.
Amplia il distacco con i tuoi pensieri. Questo è il
modo per diventare estremamente reattivi nei
contesti sociali.

Come la presenza riduce l'ansia

Il più grande beneficio nell'imparare come essere
presenti per le persone con ansia sociale è essere in
grado di diventare presenti ogni volta che si sentono
ansiosi.

Tutte le tecniche di cui ho parlato per ridurre l'ansia -
- la respirazione diaframmatica, il rilassamento
muscolare e l'accettazione -- vengono potenziate se le
unisci all'essere presente.

Quando diventi presente, i tuoi pensieri ansiosi
smettono. Preoccupazione e ansia sono entrambe
causate dall'aspettarsi che accada qualcosa di brutto.

Sono causate dal pensare a una qualche situazione in
futuro proiettandovi un'aspettativa negativa.

Quando sei presente non hai questi pensieri perché tutta la tua concentrazione è sul momento che hai di fronte. In questo stato, diventa molto più facile affrontare le tue paure.

Potrai avere ancora sensazioni d'ansia che ti scorrono addosso, ma non dovrai combattere i pensieri ansiosi che in genere ti sabotano.

La presenza non è la soppressione dei pensieri

Uno dei commenti che ricevo spesso quando insegno queste cose è: "Quindi mi stai dicendo di sopprimere i miei pensieri ansiosi?" La risposta è no. La soppressione dei pensieri non è quello che insegno.

Per smettere di pensare e diventare presente, non devi provare a sopprimere o combattere i tuoi pensieri.

In effetti, devi fare il contrario. Permetti ai tuoi pensieri di andarsene dove vogliono, devi solo starli a guardare.

Osserva la catena dei tuoi pensieri mentre scorre senza cercare di fermarla, controllarla, giudicarla o interpretarla in alcun modo. Osserva e basta.

La pratica dell'osservazione dei tuoi pensieri in modo distaccato porterà naturalmente a un distacco dai tuoi pensieri, senza forzarlo. Sii solo attento.

Ecco i tuoi compiti per casa: segui le istruzioni sulla consapevolezza e l'essere presente di questo capitolo.

Siediti per 20 minuti al giorno di fronte a un muro bianco, metti un timer così da non dover controllare il tempo, e osserva la catena dei tuoi pensieri. Torna spesso a questo capitolo per assicurarti di seguire correttamente la tecnica.

Una volta che riesci a essere presente a te stesso, inizia a diventare sempre più presente in ogni aspetto della tua vita.
Impara a farlo quando esiti nell'affrontare una situazione che ti provoca ansia.

Spero tu comprenda quanto ti sto dicendo perché mi ha davvero cambiato la vita. E lo "comprendi" facendolo.

Una volta che sei diventato presente, allora l'ansia avrà perso buona parte del suo controllo su di te.

Magari potrai ancora sentirla, ma sari più libero di fare i passi necessari per liberartene.

Una vita decisa da te

In questo capitolo mi occuperò di alcune parti che non ritenevo avessero posto in quelli precedenti, ma che comunque mi hanno cambiato il modo di pensare e aiutato a superare la mia stessa timidezza e ansia sociale.

Valorizzare te stesso

Ho scoperto come sia più difficile essere sicuri di sé in mezzo agli altri se non si sono intrapresi i passi necessari per valorizzarsi.

Per esempio, se te ne sei stato tutto il giorno in casa a mangiare patatine e giocare con la Play, sarà alquanto difficile non ritenere che gli altri ti siano superiori, o non sentirti in diritto di ricevere l'amicizia e l'affetto altrui quando è così che vivi la tua vita.

Agisci in un modo che dica: "Io mi valorizzo," e questo si sentirà quando parli con gli altri.

Quindi il primo passo è iniziare a valorizzarti. Pensa: "Se io mi valorizzassi, cosa farei?" Inizieresti a prenderti cura del tuo corpo? Certo che sì. Inizia a fare esercizi, a mangiare cibo sano, ecc.

Una volta che cominci, ti sentirai davvero in diritto di essere sicuro di te ed espansivo, perché la tua mente vede come tu stia intraprendendo le azioni che ti valorizzano.

Avere dei confini personali

Se permetti agli altri di calpestarti, presto perderanno il rispetto nei tuoi confronti. Se gli mostri di non avere confini e gli permetti di fare quello che gli pare, allora sta certo che loro lo faranno.

Devi avere dei precisi e netti confini personali sul tipo di comportamenti che accetti e non accetti da parte degli altri.

Possono essere piccole cose come fargli togliere le scarpe prima di entrarti in casa, dimostrare il tuo disappunto se non si presentano a un appuntamento, ecc.

Il mio esempio preferito di confine è nelle conversazioni quotidiane. Una delle cose che le persone timide e ansiose in genere non capiscono è che non è necessario rispondere a tutto quello che viene detto!

Se il commento di una persona è pessimo, non sei tenuto a rispondergli, facendolo gli dimostri che non ti importa se non mettono impegno nella conversazione.

Aggiungo un nuovo confine personale, che se qualcuno dice qualcosa del tutto inutile per la conversazione, tu non gli risponderai.

Questo farà capire all'altra persona che non può cavarsela dicendo sciocchezze, capirà di doversi sforzare se vuole parlare con te, e quindi ti rispetterà e valorizzerà di più.

Gestire famiglia e vecchi amici

Se inizi a modificare la tua personalità, spesso la tua famiglia e i tuoi amici vorranno sabotare i tuoi progressi.

Non è che ti vogliano vedere fallire, è solo che a molti spaventano i cambiamenti, e non vogliono accettare che accadano a te. E quali sono questi ostacoli?

1. **Non essere in grado di comportarti con sicurezza in loro presenza.** Una volta che inizi a usare quanto imparato qui, potrai notare una cosa buffa: sarai in grado di essere sicuro di te con gli sconosciuti, ma con la tua famiglia i vecchi amici sarà più il "vecchio te stesso." Questo mi faceva sentire frustrato, finché non ho capito il motivo. Ho scoperto come il cervello umano sia impostato per creare delle "ancore" per le tue azioni, ovvero si ricorda come agivi nei confronti di una persona in passato e ti spinge a mantenere quel comportamento ogni volta che la rivedi. Quindi anche se riesci a essere sicuro di te ed

estroverso con una persona nuova, ti verrà molto più difficile con qualcuno che conosca molto bene il tuo "vecchio te stesso". Purtroppo, non è qualcosa che si possa sistemare facilmente. Ti ci potranno volere mesi per cambiare il modo in cui ti comporti in presenza di persone che conosci da anni.

2. **Potranno volere "metterti alla prova".** Un altro modo con cui la famiglia e i vecchi amici possono trattenerti se inizi a essere più sicuro di te è "mettendo alla prova" questa tua nuova sicurezza. È quasi come se cercassero di capire se sei davvero più sicuro di te e indipendente da loro o se stai solo facendo finta. E come faranno?

Possono provare a sottolineare il tuo comportamento per vedere se la cosa ti dà fastidio.

Possono commentare i vestiti nuovi che porti per vedere se ti imbarazza. Se cerchi di essere più indipendente, potrebbero cominciare a dirti di fare o non fare delle cose solo per riprendere il controllo.

La chiave per superare questi "test" è di mantenere la calma. Tutto qui. Sii calmo e rilassato per superare ogni sintomo di ansia tu possa sentire. Il secondo passo è mostrarti d'accordo.

Se fanno un'osservazione sui tuoi vestiti o comportamento che dovrebbe metterti in imbarazzo, mostrati d'accordo. Non cercare di difenderti o giustificarti, ripeti solo quello che ti hanno detto e di' che sei d'accordo. Non farti fregare.

Per esempio, "Adesso che hai tutti questi nuovi amici, sei troppo figo per la tua famiglia, eh," a cui puoi rispondere "Vero, ho dei nuovi amici" nel modo più piatto e passivo possibile.

Se cercano di provocarti una reazione, non la otterranno. Ricorda, se riescono a provocarti, allora avranno controllo su di te, che è esattamente quello che vogliono riottenere.

Autostima da 0 A 100

Come puoi ben immaginare, la tua autostima, (come vedremo in seguito) viene costruita durante la tua crescita, fin da quando sei un bambino.

Ci possono essere diverse cause che comportano una bassa autostima, una su tutte, è il non avere un riscontro positivo ed un amore reciproco dai figli o dal tuo compagno.

In questo giocano un ruolo fondamentale i tuoi genitori e le altre persone adulte con cui sei in contatto perché sono proprio loro che ti trasmettono la loro esperienza di vita e quindi anche la loro stima di se stessi.

Quando questa condizione non si verifica è probabile che si verifichino casi di persone con una scarsa autostima, cioè quella di una persona che non è mai riuscita a comprendere il suo vero valore, e nemmeno le sue indubbie qualità o talenti che difficilmente altre persone sulla terra posseggono.

La verità è che ogni singola persona di questo mondo è diversa dall'altra. Non esiste una persona che abbia le stesse identiche qualità di un'altra.

In altre parole, chi non comprende questo non è riuscito a sviluppare una sana e salutare autostima durante la sua crescita.

Questa mancata fiducia in se stessi si rispecchia in tutti gli aspetti della vita ed in tutte le cose che vengono fatte, questo perché quello che noi pensiamo di noi stessi determina ed influenza le nostre azioni e le nostre reazioni scatenate dalle piccole sfide che la vita ogni giorno ci riserva...

Se ci si aspetta che le altre persone pensino di noi in modo negativo, è quasi certo che sarà così!

E questo vale anche nel caso in cui noi incontriamo una persona e proviamo a capire quanta fiducia ha in se stessa soltanto dal modo in cui si comporta, per cui se noi pensiamo che questa persona abbia una scarsa autostima è certo che sia così.

Perché questo?

Perché noi ci comportiamo in modi che possono incoraggiare o meno le altre persone a riporre la loro fiducia e la stima in noi.

Quindi se tu soffri di scarsa autostima, dovuta al fatto che non ti è stata trasmessa durante la tua crescita, allora dovrai lavorare per aumentarla fin da subito.

Ci sono diversi modi per fare questo, un esempio lampante è quello di leggere molti libri, ebook, visionare video o ascoltare audio dedicati proprio a questo tema. Si può anche effettuare delle sedute con uno specialista. (In seguito vedremo nel dettaglio questo).

L'aumento della stima in te stesso inizia con il cambiamento del tuo modo di pensare e dalla tua mente. Questo ti aiuterà a capire cos'è bene per te, il modo di pensare che può permettere di migliorare la tua attuale condizione.

In altre parole, se tu hai un modo di pensare negativo, questa condizione influisce su di te e sulle tue azioni durante tutto l'arco della giornata.

Per cambiare il tuo modo di pensare ti ci vorrà del tempo e molta pratica.

L'autostima non è un qualcosa che si acquisisce in una notte, ma con l'aiuto necessario e la dote della pazienza ognuno di noi può tranquillamente accrescere la fiducia e la stima in se stesso.

Dovrai sforzarti di schiacciare i pensieri negativi e rimpiazzarli con quelli positivi. La ricompensa per questo difficile "lavoro" vale sicuramente tutti gli sforzi che farai.

Se queste parole ti hanno colpito allora "mettiti in pista" oggi, ed inizia da subito ad accrescere la tua autostima.

L'autostima nei giovani

Sai, gli anni della giovinezza sono quanto di più bello ognuno di noi conserva come ricordo, ma sono anche gli anni più duri e difficili dal punto di vista psicologico...

Se provi a pensarci anche tu ti renderai conto di quanto tu abbia sofferto in quegli anni.

Avrai sicuramente sentito anche numerose storie sui diversi problemi esistenziali che colpiscono i giovani, e come la loro autostima sia spesso stata letteralmente schiacciata da questi eventi.

Questa è una condizione davvero tipica, ed assolutamente normale delle persone in fase di sviluppo.

Un giorno si sentono più insignificanti di una formica, ed il giorno dopo vorrebbero diventare piloti di topgun o direttori di chissà quale azienda...

Questi sbalzi di autostima sono naturali.

I giovani fanno un dramma, per la maggior parte delle cose che posso accadere nell'arco di un mese o di un anno.

Ma soprattutto questa condizione di scarsa fiducia in se stessi dura per lunghi periodi di tempo.

In diversi casi questo stato di essere deriva ad esempio dall'acne, dal sovrappeso, dal sottopeso, dalla statura, dai confronti con gli amici o le amiche, dai risultati amorosi, dall'aspetto fisico, dall'ideologia politica e sociale, ma soprattutto da tutti i commenti critici (veri e non) da parte di persone adulte o comunque in fase avanzata di crescita.

I commenti proveniente da persone della stessa età non sono paragonabili in termini di "effetto" rispetto a quelli che provengono da persone più grandi o adulte.

È quindi normale che i giovani abbiano questi sbalzi di autostima. L'unico modo per risolvere questo problema è semplicemente quello di aspettare che passi un po' di tempo in modo da far finire nel "dimenticatoio" tutte le cause di questi sbalzi.

Una cosa che può aiutare tuo figlio in questo periodo d'età è quello di dargli più consigli utili e critici possibili, senza ovviamente assillarlo. I giovani sono molto più sospettosi di qualsiasi adulto e potrebbero non far caso a quello che gli adulti reputano come "oltre il limite".

In altre parole loro sanno a priori quali sono le tue intenzioni, per cui fai in modo che i tuoi consigli e le tue critiche su un determinato comportamento o su una determinata azione, siano positivi certo, ma anche "realistici"!

Non devi aspettarti che i tuoi consigli vengano applicati subito, ci vuole del tempo. Semplicemente limitati a dare buoni consigli ogni volta che ti è possibile senza aspettarti dei risultati immediati.

I giovani, a differenza da quello che voglio dare a vedere, ascoltano, eccome se ascoltano!

Un'altra cosa che puoi fare per "arginare" la loro scarsa autostima è quella di fargli provare nuove esperienze, ed aiutarli a raggiungere degli obbiettivi derivanti da queste esperienze.

In altre parole devi sempre tenere i ragazzi impegnati in diverse attività che diano loro nuove stimoli e facciano convergere la loro enorme energia in qualcosa di concreto ed utile a loro stessi.

Questo indubbiamente aumenterà la loro autostima!

Ad ogni modo, se pensi che tuo figlio/a soffra di seri problemi di autostima, non esitare e portalo da un professionista che possa determinare se è il caso di agire o meno.

La giovinezza è un periodo molto delicato, un aiuto professionale e serio spesso aiuta a risolvere dei problemi che, in casi molto particolari, potrebbero ingigantire con la crescita.

L'autostima nei bambini

Quando i genitori e gli altri adulti incoraggiano i bambini nei loro sforzi nel provare cose nuove e li guidano con affetto, questi ragazzi probabilmente cresceranno con una sana autostima.

Questo non significa che il piccolo Luca o Paola devono sempre sentirsi dire che sono meravigliosi, belli e forti, ma loro sono semplicemente delle persone che sono degne di una grande stima.

I bambini sanno quando qualcuno gli dice semplicemente cosa fare. Per loro sarà buono imparare cosa stanno facendo attraverso altre nuove esperienze.

Loro devono sapere se fallire o avere successo nei loro sforzi, potranno diventare delle buone persone e meritano buoni risultati!

Per i bambini è molto difficile, cioè già il fatto di essere un bambino è molto limitante, ad esempio, non puoi fare questo, non puoi fare quello, non puoi andare al cinema da solo, non puoi mai essere autonomo, insomma non puoi fare l'85% delle cose che invece un adulto normalmente fa...

Per questo i bambini crescono pensando che le altre persone siano migliori di loro, più intelligenti, più belli, o semplicemente migliori "in generale".

Sicuramente avranno una bassa stima di loro stessi!

Invece per dar loro la corretta dose di autostima è necessario assicurarli che le cose non stanno come loro pensano, devono sentirsi dire che sono persone speciali come ogni umano lo è, con molti pregi e non soltanto uno o due come si è soliti pensare.

Un bambino potrebbe non essere molto bravo in geometria, ma potrebbe essere invece molto bravo in lettere o storia. Lui ovviamente non vorrà sentirsi dire che non è bravo in geometria... lo sa già!

Invece avrà un grosso impatto positivo su di lui il sentirsi riconoscere la sua bravura in italiano e storia! In questo modo poi potrai dargli dei consigli ed un aiuto per potersi migliorare anche in geometria.

Un bambino fiero di se stesso è molto più portato ad imparare ed applicarsi per farlo, di un bambino che si sente dire che è un asino in geometria ogni santo giorno della sua esistenza. Non credi?

Questo inoltre gli insegnerà che se lui va male in una cosa, ci sono invece molte altre cose in cui potenzialmente potrebbe andare molto bene, e , molto importante, lui continuerà sicuramente a migliorarsi anche nelle cose in cui ora non va male per raggiungere gli stessi risultati e lo stesso stato di soddisfazione delle cose in cui va bene!

I bambini sentono quando un adulto li prende in considerazione seriamente o meno, se non ci si cura molto dei loro sentimenti e dei loro problemi, questo inevitabilmente porterà ad una scarsa autostima nel bambino.

È necessario amarli e dimostrare questo affetto, dimenticare i loro errori ed aiutarli a rimediare agli errori può certamente farli sentire bene ed aumentare la stima di loro stessi.

Ricorda che la costruzione dell'autostima, come detto all'inizio, inizia dal momento della loro nascita. Il bambino deve sentirsi amato e sicuro fin da piccolo, così potrà crescere avendo fiducia in se stesso e pronto a risolvere (con il tuo aiuto) gli eventuali problemi che si presenteranno.

Quindi cosa bisogna fare per assicurarsi che il proprio figlio cresca con una sana stima di se stesso? Beh inizia con mostrargli quanto gli vuoi bene. Non c'è davvero nulla che possa sostituire l'amore durante la crescita di un figlio.

La sensazione di sicurezza ed il fatto di dargli quello di cui ha bisogno farà in modo che durante la sua crescita sviluppi queste abilità al meglio facendo quello che è necessario fare in determinate situazioni.

Devi sostenerlo nei suoi successi ed aiutarlo nei suoi fallimenti.

Quando un bambino commette un errore è utile fargli capire che sarà giudicato, questo accrescerà le sue aspirazioni ed il suo impegno, ed inoltre lo farà sentire più sicuro e a suo agio quando dovrà svolgere qualcosa di nuovo.

Ogni esperienza è importante durante i primi anni, le esperienze sono come dei test, tutti gli errori sono necessari per la crescita.

Quando un bambino si sente sicuro del suo valore, e di essere amato, anche se commette degli errori o fa dei passi falsi, sarà sempre più aperto a nuove esperienze, e non ne avrà paura come la maggior parte delle altre persone. Sarà capace di "lasciar andare" le cose che non sono buone, piuttosto che sentirsi abbattuto per questo.

Le molte esperienze, e le molte cose che porteranno avanti in questi anni faranno si che l'autostima di un figlio cresca di pari passo con l'età!

Per aumentare la naturale autostima di tuo figlio, è una buona idea leggere libri su come allevare i propri figli scritti da professionisti e psicologi di grande fama.

Certamente riuscirai a trovare numerosi consigli su come aumentare l'autostima di tuo figlio. Utilizza internet, o recati in libreria per reperire questo tipo di materiale.

Alla fine di ogni giornata, ricorda di dare a tuo figlio dei veri consigli, cerca di trasmettergli la tua esperienza di vita e vedrai che tuo figlio si sentirà il migliore di tutti!

Come riconoscere i sintomi di una scarsa autostima

Ogni singola persona di questa terra passa dei momenti difficili della sua vita dove viene a mancare la fiducia in se stessi, o almeno si sente inferiore a qualsiasi altra persona.

Dopotutto siamo persone ed è normale cercare il confronto con le altre persone in ogni cosa che facciamo, quindi è anche normale sentirsi inferiori in certe occasioni.

Ma bisogna fare attenzione che questa situazione non si dilunghi troppo, e non si ripeta con molta frequenza nel tempo.

Se così fosse allora questo potrebbe essere un problema reale e sarà necessario prendere sul serio questa condizione.

Ogni singola cosa che mantiene la nostra autostima bassa per relativamente un lungo periodo di tempo, o che comunque persiste più del dovuto ignorando completamente tutti i nostri tentativi di migliorare, porterà inevitabilmente ad un problema più serio.

Questo perché la nostra condizione di "sfiducia" si riflette in ogni azione che svolgiamo durante l'arco delle giornate.

Possiamo muoverci in modo sicuro e concreto, oppure possiamo muoverci esitando... tutto dipende dallo stato della nostra autostima.

Il maggiore sintomo di scarsa autostima che solitamente causa i maggiori problemi in ognuno di noi è quel senso persistente di "inadeguatezza", il fatto di sentirsi poco conscio di ciò che si fa, il sentirsi inferiore a tutti ed a tutto.

Come detto, se questi sintomi si ripetono occasionalmente, non è un problema perché rientra ancora nella normalità...

Ma se questi sintomi e queste sensazioni sono sempre con te, allora tu probabilmente stai soffrendo di scarsa autostima ed hai bisogno di appoggiarti ad un aiuto esterno, il più professionale che ci sia, per risolvere questo problema.

Potrai anche svolgere dei test di stima personale, e quindi che potrebbero aiutarti a capire il livello esatto della tua autostima così da poter creare un vero e proprio piano d'azione per migliorare questa tua condizione.

I libri, i video tutorial, gli audio tutorial, gli ebook sono ottimi strumenti per aumentare la propria autostima.

La cosa migliore di questo tipo di prodotti è che puoi utilizzarli in qualsiasi momento e puoi facilmente reperirli sul web o in libreria. Ce ne sono una moltitudine, davvero.

Sono prodotti molto richiesti e probabilmente ti stupiresti di scoprire quante persone ne fanno uso e sono felici di farlo!

Non sarai obbligato ad aspettare settimane o mesi per ottenere un appuntamento da uno specialista perché queste guide, come ad esempio questa che stai leggendo, sono reperibili praticamente ovunque.

In definitiva, se vuoi risolvere i tuoi problemi ed aumentare la tua autostima, per prima cosa devi capire se e quanto è bassa la stima di te stesso.

Il secondo passo da fare è capire se un consulto con uno specialista sia giustificato o accessibile. In questi casi più ovviamente il problema è grave e più tempo e soldi ci vorranno per risolverlo.

Ricordati quindi di investire del tempo e qualche decina di euro in libri, video e corsi utili al fine di accrescere la tua autostima e farti riacquistare la totale fiducia in te stesso.

Come aumentare l'autostima

Oggi il 70% delle persone che vivono nei paesi industrializzati soffrono di scarsa autostima e scarsa fiducia in se stessi.

Se fai parte di questo 70% allora sarai felice di sapere che ci sono diversi metodi immediatamente applicabili per aumentare la tua autostima.

La prima domanda che potrebbe venirti in mente quando sei in procinto di intraprendere qualche azione per risolvere questo problema è sicuramente quella di valutare se hai bisogno di un aiuto di uno specialista o meno.

Ovviamente è giusto porsi questa domanda, soprattutto se stai abusando quotidianamente di sostanze come alcolici, farmaci antidepressivi, o altre sostanze che ti impediscono di vivere come vorresti o comunque influiscono sulle tue azioni.

Se ti trovi in questa situazione allora hai assoluto bisogno di parlare con un professionista del settore, ad esempio uno psicologo, che ti aiuti a risolvere il tuo grave problema di autostima e di fiducia in te.

Se invece non sei soggetto ai problemi appena descritti qui sopra e vuoi aumentare la tua autostima, allora puoi risolvere questa condizione tramite gli strumenti che ho citato più volte in questo piccolo e-book.

Leggi libri, iscriviti a gruppi di aiuto, utilizza materiale audio-video che ti aiuti a seguire la "giusta strada" per vivere finalmente una vita felice e soddisfacente.

La chiave, la soluzione per aumentare definitivamente la stima in te stesso è proprio quella di intraprendere un'azione per risolvere il problema!

Come abbiamo visto sono davvero molte le persone che soffrono di scarsa autostima, magari sono anche consapevoli di questo, ma semplicemente non sanno che fare, si bloccano!

Questo inevitabilmente porta ad un ulteriore diminuzione di autostima.

Invece per avere una sana stima di te stesso devi provare a cercare piccoli o grandi successi personali, non devi certo limitarti ad aspettare che qualcosa avvenga senza che tu debba far niente...

Non succederà mai una cosa del genere, sei tu che devi andargli in contro! Anche se dovessi fallire nel tuo intento o non riesci a raggiungere l'obbiettivo che ti sei prefissato, almeno ci hai provato, mettendocela tutta ed impegnandoti al massimo.

Come puoi ben immaginare questo non può che fare bene alla tua autostima.

Quindi quello che devi fare è intraprendere una o più azioni che ti permettano di ottenere dei risultati. Non aver paura di provare, cos'hai da perdere?

Un'altra cosa molto importante per la tua stima è quando parli con te stesso...
Devi fare molta attenzione quando lo fai perché i pensieri negativi sono dei killer per la tua autostima.

Quindi assicurati che qualsiasi metodo tu utilizzi per aumentare la tua autostima, dovrai fare in modo di cercare di essere gentile con te stesso e soprattutto dovrai essere positivo! Non sei solo!

Un'altra cosa che spesso si tende ad ignorare o non fare affidamento è il fatto che ci sono molte persone che sono pronte ad aiutarti!

Come detto più volte più della metà delle persone che conosci potrebbero soffrire di una scarsa autostima, e ce ne sono veramente milioni e milioni in tutto il mondo.

Per cui è una cosa che (togliendo i casi gravi) rientra quasi nella normalità della vita di ognuno di noi, ma soprattutto ricordiamoci che è facilmente risolvibile!

Prima inizi ad intraprendere qualche azione per risolvere questa tua condizione e prima aumenterai la tua autostima!

Parlare a se stessi

Al fine di accrescere la stima in te stesso, la prima (e più importante) cosa a cui devi fare molta attenzione è il parlare con te stesso.

Credo tu abbia capito cosa intendo, sto parlando di quella piccola voce che proviene dalla tua testa e che commenta ogni singola cosa che fai.

Se già hai uno scarso entusiasmo ma il tuo obbiettivo è di migliorare la tua autostima, allora questa piccola voce può essere estremamente negativa per il tuo fine.

Spesso ti sentirai dire che tu non potrai mai a riuscire a fare questo o quell'altro, non potrai mai cercare di migliorare il tuo stato... non sei abbastanza bello, non sei abbastanza brillante, non sei abbastanza intelligente, non sei abbastanza ricco...

In poche parole ti sta dicendo che tu soffri di scarsa autostima e ti senti inferiore alle altre persone. Fortunatamente, questa voce spietata che senti nella tua testa, si sbaglia di grosso.

Tu hai senza dubbio abbastanza di tutto quello che ti è necessario per riuscire ad essere una persona brillante, soddisfatta e sicura di te stessa.

È proprio questo che dovrai dire a te stesso!

È una delle cose più strane che ci siano nel mondo dire a se stesso che cosa puoi o non puoi fare. È davvero difficile e sembra una cosa inutile alle persone che soffrono di bassa stima di se stessi... ma è così! È la verità.

Fare questo è così importante perché quello che tu dici a te stesso determina poi i tuoi comportamenti e

191

le azioni che intraprendi nel confronto delle altre persone, e come queste, a loro volta, reagiscono alle tue azioni.

Se riesci a convincere te stesso che tu hai fiducia in te, tutte le tue azioni rispecchieranno questa condizione e quindi trasmetterai questo stato di essere anche alle altre persone con cui entri in contatto ogni giorno.

Se invece dici a te stesso che non hai fiducia in quello che fai o sei insicuro, questa condizione trafelerà e spargerai questo alone di sfiducia ed insicurezza anche alle altre persone che ti circondano.

Probabilmente penserai che sia difficile uscire da questa sorta di "circolo" pessimistico, invece è molto più semplice di quello che si può pensare...

Basta smettere di ascoltare la voce che ti dice che non puoi fare quello o quell'altro ed iniziare a ragionare razionalmente non lasciandogli influenzare le tue azioni.

Dovrai quindi cercare di far dire a questa voce soltanto cose positive che ti aiutino nel tuo intento. Ed è proprio questo il primo, nonché più importante, passo da fare per iniziare a migliorare la tua stima personale.

Per imparare a parlare in modo positivo con te stesso affidati agli strumenti come libri, ebook, reports o seminari. Tutto questo lo puoi trovare facilmente sul web o nella libreria più vicina a casa tua.

Se ci hai già provato e sei stanco di fare ciò senza ottenere risultati, allora puoi sicuramente trovare conforto e supporto ai tuoi problemi, da un terapeuta che fa questo per professione.

Se al contrario stai già vendendo uno specialista del settore e non vedi dei risultati positivi, allora puoi affidarti ai prodotti trattati precedentemente (libri ecc..).

A mio parere questi prodotti sono ottimi, spesso hanno un costo molto contenuto, e contengono ottime informazioni e consigli utili.

Ricorda, se lo vuoi veramente, tu puoi aumentare la tua autostima anche a partire da adesso!

I test di autostima

Sai il miglior modo, per qualunque persona, di scoprire il suo livello di scarsa autostima ed anche le aree specifiche interessate da questa carenza, sono i test sulla fiducia in se stessi.

Questi test sono molto utili in quanto ti permettono di stabilire il preciso livello della tua autostima in modo da poter poi agire efficacemente su punti ben precisi.

In questo test potrai scoprire inoltre qual è ad esempio il lavoro dei tuoi sogni o come soltanto trovare la tua ragione di vita ed i tuoi obbiettivi semplicemente sentendoti bene con te stesso.

Molti di questi test puoi reperirli facilmente nelle riviste specializzate. Queste riviste sono presenti in grandi quantità sul web ed anche in edicola.

Fare questi test non è un gioco, certo può essere divertente, ma soprattutto devi metterti in testa che possono davvero aiutarti seriamente. E funzionano!

Pensala come vuoi, ma se rispondi onestamente, il risultato sarà la pura verità.

Mentire in questo tipo di test sarebbe una cosa da idioti perché non può far altro che far male a te stesso, per cui non ha davvero senso non rispondere onestamente soltanto per far vedere a te stesso che stai benissimo e non soffri di nessuna carenza... Credi di poter imbrogliare te stesso? Credo proprio di no.

Per cui svolgi questi test in modo serio ed onesto per ottenere il risultato giusto. Magari riguardali anche più volte, cioè rileggi tutte le risposte che hai dato e chiediti ogni volta se hai veramente risposto in modo corretto o hai messo la crocetta così senza pensarci troppo.

E' molto importante questo perché prima di poter iniziare a fare qualsiasi cosa per migliorare la tua autostima, devi ammettere che il livello di stima di te stesso deve essere aumentato. Come forse ti ho già detto, questo è davvero la parte più importante di tutto quanto.

A nessuno piace ammettere le sue debolezze, è ovvio, ma in questo caso, i test per la misurazione della propria autostima servono proprio a questo.

La cosa più bella che puoi fare per te stesso è essere onesto e non barare, così che tu possa poi scoprire quali sono i veri aspetti su cui lavorare per migliorare la tua attuale condizione.

Quindi acquista queste riviste e questi libri dedicati, fai i test (anche più di uno) rispondendo onestamente. Probabilmente rimarrai molto sorpreso dai risultati che otterrai, e questa non è una buona cosa, ma è una magnifica cosa!

Come fare per avere un'alta stima di se stessi

Per la maggior parte delle persone di questo mondo, avere un buon livello di autostima, è praticamente un sogno...

Solitamente si pensa che sia qualcosa di troppo astratto e che sia irraggiungibile, un desiderio inconscio che ci portiamo sempre dietro ma che non riusciamo mai a prenderne atto. E sai cosa? Questo dipende dalla paura!

Chiunque può raggiungere un alto livello di stima e fiducia in se stesso. Ed ognuno di noi, a suo modo, se lo merita.

La verità è che ogni singola persona di questo mondo ha qualcosa di buono, solo che non vediamo questa parte buona perché:

- Siamo troppo concentrati sui nostri difetti.
- Siamo troppo concentrati ad ascoltare la voce negativa nella nostra testa.
- Siamo troppo impegnati ad ascoltare i commenti e le critiche proveniente dalle altre persone.

Pensa, se c'è soltanto una cosa in te che tu puoi riconoscere come una cosa buona, in cui sei riuscito ad ottenere un buon risultato, allora usa questo per iniziare ad elevare la tua stima personale e la tua fiducia in te.

Una cosa saggia che puoi fare quando i pensieri negativi si impossessano della tua mente è quella di ricordarti di questa cosa buona che invece ti fa stare bene e ti rende soddisfatto. Troppo facile vero?

Beh certo non è facile, non è una passeggiata, ma funziona proprio così. Ci sono moltissime storie di successo che sono partite dal nulla. Io conosco personalmente un grande imprenditore che è partito dal nulla, era un vagabondo qualsiasi senza una vita e senza un briciolo di stima in se stesso.

Ed un giorno ha deciso di cambiare la sua vita, e nessuno gli è corso incontro per gettargli in faccia proposte di lavoro o di fama, ce l'ha fatta da solo, solo grazie alla sua volontà di ferro. Ha toccato il fondo e poi è risalito. Ora ha un'azienda tutta sua, ha esattamente 487 dipendenti!

Forse a te non interessa avere un'azienda o diventare il prossimo re d'Inghilterra, forse vuoi soltanto avere un po' più di autostima in modo di smetterla di sentirti inferiore a tutte le altre persone.

Forse ti piacerebbe essere in gradi di parlare nelle riunioni senza abbassare la testa o guardare di lato, magari ti piacerebbe anche tenere un comizio su un determinato argomento senza aver la paura di non essere bravo a parlare alle persone...

Se darai un taglio a questa sfiducia ed insicurezza ti sveglierai molto più soddisfatto la mattina, perché avrai uno scopo, saprai come ottenere successi o a cosa dedicarti per farlo.

Incrementare la stima di se stessi non è facile, ma non è impossibile! Quella voce che senti sempre nella tua testa, che continua a ripeterti che non riuscirai mai a farcela è completamente falsa, si sbaglia di grosso.

Inizia a rispondergli dicendo che invece tu ce la farai, eccome se ce la farai. In definitiva, procurati il materiale che ti serve ed inizia da subito a lavorare sulla tua autostima, a partire da adesso!

Prima riesci a capire se soffri veramente di scarsa autostima e prima potrai intervenire per riportare la tua stima e fiducia a livelli normali o alti. Non perdere altro tempo ed inizia da ADESSO!

Conclusioni

Non c'è molto altro da dire. Se hai letto tutto il libro, mi congratulo con te. Molti non vanno oltre il primo capitolo.

Rileggi spesso questo libro, continua a imparare e studiare i principi che ci sono scritti, e soprattutto, NON SMETTERE finché non hai assorbito tutto per bene.

Che tu abbia questo problema è un peccato, lo so perché mi ci son trovato anch'io non molto tempo fa. Purtroppo, non puoi controllare il passato.

Ma la buona notizia è che puoi controllare come potrà essere il tuo futuro.
Ti lascio con questo augurio:

Al tuo successo sociale!
Marcello Celito

Disclaimer/ Note Legali:

Le informazioni presentate in questo libro rappresentano l'opinione e il punto di vista dell'autore al momento della pubblicazione. L'autore riserva il diritto di alterare e aggiornare le informazioni in base a nuove condizioni.

Questo libro è inteso solamente a scopo informativo. Non è inteso per sostituire l'opinione di un medico o di uno specialista. L'autore non si assume la responsabilità delle cause ed effetti derivanti dall'uso di queste informazioni da parte del lettore.

CPSIA information can be obtained
at www.ICGtesting.com
Printed in the USA
LVHW010526110121
676184LV00006B/223